国際開発
ソーシャルワーク入門
改訂版

JN110827

東田　全央

はじめに

　近年，新型コロナウイルス感染症（COVID-19）のパンデミック，ロシアによるウクライナへの武力侵攻，気候変動や大規模災害，さまざまな経済社会問題や人権問題をはじめ，世界各国の人びとは多くの困難に直面してきた。その中でも最も困難に直面している人びとのウェルビーイングの実現と，そのために必要な支援が届くことは重要である。それと同時に，平時において排除されたり取り残されたりする人びとを生む社会のあり方が，世界規模の諸課題においてより大きな問題を引き起こしている可能性があるとするならば，国際社会への働きかけも求められる。いずれにしても，このような困難な時代ではあるが，国境を越える諸課題を念頭に，誰一人取り残されない社会の実現に向けて，ソーシャルワーカーはいかに世界の国々や地域の人びとと共同し貢献することができるかについて検討や対話を重ね，行動していくことが求められている。本書にはその手掛かりを記したつもりである。

　はじめに，本書を執筆した経緯について述べておきたい。筆者は，日本国内の障害分野や精神保健福祉分野においてソーシャルワーカー（社会福祉士・精神保健福祉士）として従事したのち，2011年以降は，東日本大震災被災地や開発途上国等に「外」から入って，人びととともにソーシャルワーク実践や関連する活動に携わった。そして，2020年より日本の高等教育機関においてソーシャルワーク教育・研究に携わる機会を得た。2021年度からは国際福祉論の科目担当者となり，これまでの実践経験を踏まえて，国際開発ソーシャルワークを中心に実践的な内容を教授している。

　そこで，日本で発刊された国際福祉に関する書籍や，英語により記された国際福祉や国際ソーシャルワークに関する文献等を収集した。多くの優れた書籍や論文があり，各国の福祉政策やソーシャルワーク

教育の比較，国際ソーシャルワークの理論と実践事例，開発実践や国際協力に関する理論と技法等に関する記述が見られた。それらを読みながら，国際開発ソーシャルワークについての実践的な入門テキストの必要性を感じ，試みとして，筆者自身も執筆してみようと考えた。そして，2021年8月に本書初版を上梓した。今回，淑徳大学アジア国際社会福祉研究所での着任を経て学んだことを反映して，大幅に手を加えて改定版を作成した。

　上記の背景からもおわかりのように，本書は，試行的かつ探索的に執筆したものである。本書で記す内容は標準化されたものではなく，いわゆる「ハウツー本」を目指したわけでもない。また，課題や実践事例については障害分野を中心に記したこと等，取り上げた領域や内容には偏りがある。他方，国際開発ソーシャルワークについて学ぶ学生のみなさんが，導入の書として本書を用いることで，基礎的な理解と多角的な視点を得られるように心がけた。また，できるだけコンパクトで読みやすいように，各章の分量を極力抑えた。学生のみなさんが国際的な議論に親しむことを意図して，主要な説明や用語等については英語表記も併記した。

　本書の章構成と概略は以下のとおりである。第1章は国際開発ソーシャルワークに関する概論である。国際開発ソーシャルワークの背景やスコープ等について概観した。第2章では，欧米の一般的なソーシャルワークと比較しながら，国際開発ソーシャルワークに関連する基礎的な用語や視点について紹介した。第3章から第6章では，国際開発ソーシャルワークにかかわるいくつかの理論や視点について概説した。開発的ソーシャルワークやインディジナス・ソーシャルワークの基本的な考え方について取り上げるとともに，国際開発ソーシャルワークの実践家に求められうる対話やプロジェクトの企画立案・実施の方法についても触れた。第7章と第8章は，各論として，実際の国際開発ソーシャルワークに関する活動実態や実践事例を示した。第9章では，国内の国際福祉問題にも目を向け，多文化共生と多文化ソーシ

ャルワークについて触れた。第10章では，国際開発ソーシャルワークにおける調査研究の視点について取り上げた。

　加えて，国境を越える実践に取り組んできた4名のソーシャルワーカーの方々にコラムを執筆していただいた。海外でソーシャルワーカーとして働き始めた織田夏実さん（コラム1），以前にJICA海外協力隊・ソーシャルワーカー隊員として活動した小野由貴さん（コラム2），2023年1月現在，開発途上国でのソーシャルワークや開発実践に取り組んでいる清水貴さんと田中健志さん（コラム3〜4）である。それらのコラムを通じて，読者がソーシャルワーカーのさまざまなキャリアや国境を越える活動のイメージを深められるようであれば幸いである。

　時代が移り変わりゆく中で，国際開発ソーシャルワーク自体や，それを取り巻く状況も変化していくだろう。世界の情勢と，各国や地域社会の情勢や課題についてよく見ながら，必要な取り組みをどのように進めていくことができるかについて考え，行動していく必要がある。本書が何らかの形で読者のお役に立てれば幸いである。

　多くの方々との対話や協働の経験が無ければ本書を発刊することは叶わなかった。コラムの執筆者の方々，独立行政法人国際協力機構（JICA），淑徳大学アジア国際社会福祉研究所（ARIISW），アジア国際社会福祉研究会[1]の皆様をはじめ，これまでお世話になったすべての方々に感謝申し上げたい。とくに，国際ソーシャルワークに関する学びの機会を与えていただいたARIISWの秋元樹・名誉所長と松尾加奈・上席研究員には厚く御礼申し上げる。拙著初版に引き続き，本書改訂版の発刊にあたっても，大阪公立大学出版会の皆様，とくに八木孝司先生，西本佳枝さんには大変お世話になった。この場を借りて，改めて感謝の意を表したい。

2023年4月1日

東田　全央

1）ルーテル学院大学 原島博教授と淑徳大学アジア国際社会福祉研究所 秋元樹名誉所長が発起人となり，2021年6月に発足した。

目　次

第Ⅰ部　総　　論

第1章
国際開発ソーシャルワークを取り巻く
潮流と現場実践

ある一人の物語から[2]

　2年間，JICA海外協力隊（青年海外協力隊）としてスリランカの社会福祉省に派遣され，農村部にある郡行政事務所を拠点に活動をした。そこでは，地域に根ざしたリハビリテーション（CBR）事業にかかわりながら，障害者があたりまえの地域生活ができるような環境づくりと，障害当事者のエンパワメントの促進を目指した活動が求められていた。

　赴任直後，地域で暮らす障害者の生活状況とニーズの把握のために，現地受入先同僚（カウンターパート）の行政官や住民の支援者，障害当事者が行っている地域巡回に同行させてもらった。巡回前には，「農村の障害者は劣悪な環境で暮らしているんだろう」という勝手なイメージを持っていた。しかし，さまざまな障害者宅を回ると，裕福ではないものの，何とか暮らしているように見える人びとが大半のように見え，はっきりとした課題やニーズは浮かび上がってこなかった。

　家庭訪問では次のようなやりとり（現地語の一つであるシンハラ語による会話）がよくあった。

　2）下記の拙著を改変したものである。一般社団法人協力隊を育てる会およびJICAに感謝申し上げる。東田全央．（2015）．「住民のニーズを把握しようと地域を巡回して聞きとり調査をしたものの……（"失敗"から学ぶ129）」『クロスロード』（JICAボランティア向け実践ガイド）10月号，22-23.

私「今の生活はどうですか？」

当事者「悪くないよ。」

私「何か生活の中で問題はありますか？」

当事者「このとおりお金がないことかな。」

母「月に3,000ルピー（障害者手当）がもらえるって聞いたんだけど，もらえるのかしら？」

父「あと，前に海外の人が寄付してくれた車椅子（納屋で埃まみれ）が壊れてしまった。新しいものがほしいんだが。」

私「……（何かが違う）」

　聞き取りを進めるうちに「本当」の課題やニーズとは何なのか，わからなくなっていった。自分自身の現地語能力を改善することは当然必要であったが，それだけでは十分ではないという感覚があった。そんなときに，『途上国の人々との話し方』（和田・中田，2010）という本があることを思い出し，現地語の習得状況云々というより，ただ自分で自分の罠にはまっているのでは，と気付き始めた。

　文字通りに「**問題**」や「**ニーズ**」を聞こうとしていたが，目の前の人に「**事実**」ではなく，「**どのように思うか**」を聞いているに過ぎなかった。両者の関係が対等ではないときにこのようなやり取りを続ければ，ニーズに基づかない援助ありきの要望が，行政や外国人支援者に対して生み出されることにもなりかねない。もちろん，障害者手当等の国の制度としてあるものについては，条件を満たせば受給できる権利を否定するつもりはまったくない。しかし，振り返ると，このようなやり取りにより，現地の人びとのリアルな生活が見えなくなってしまうとともに，「援助者―被援助者」，「行政―住民」の**非対称な関係**を強化してしまっていたといえる。活動開始直後にニーズ把握を急ぐあまり，立場性や関係性を俯瞰的に見る視点や，目の前の人びとの自尊心が高まるような問いかけの工夫，訪問先の環境や物等にも着目し具体的に生活状況を聞きながら学ぶ姿勢に欠けていたと思う。

世界規模の課題と国際開発ソーシャルワークの文脈

　前記は筆者自身の草の根の活動の中での体験に基づいた物語であり，国際開発ソーシャルワークの断片を象徴する一つのエピソードに過ぎない。国際開発ソーシャルワークでは，さまざまな現場の中での実践を通じて日々奮闘することが想像される。そして，「**外**」から「**内**」（あるいは「**現地**」）に入った実践家にとっては，人びとと寝食をともにしたり，日常生活や活動を共同して行ったりしていると，目の前のことに日々追われ，ときには翻弄されることもある。しかし，「内」・「外」のポジションを問わず，目の前で見えることや直に体験することに加えて，**世界規模の事象との関連**について俯瞰的に捉える視点も重要となる。昨今，さまざまな場面で述べられている，「世界規模で考えて，身近なことから行動する」（think globally, act locally），さらには「**地球規模とローカルとで考え行動する**」（think globally and locally, act globally and locally）ということに他ならない（Gray, 2016）。つまり，現場でのローカルな実践と，相互依存の世界や社会に対する眼差し（さらには働きかけ）の両方が求められる。そこで，国際的な潮流について見ておく。

　いわゆる**グローバリゼーション**により，ビッグ・テック（Big Tech）をはじめとする米国情報技術産業発の多国籍企業[3]等による経済活動のみならず，社会，政治，文化等のあらゆるものが，国や地域等の**境界を越えて**，地球規模で影響をもたらしあっている。そして，世界規模で起きている事象や現象が，国や地域のローカルなレベルでも起き，関連しあっている。2019年に発生し世界の人びとに深刻な影響をもたらした**新型コロナウイルス感染症（COVID-19）**[4]や，ロシアによる**ウ**

3）近年はグリーンテックという，持続可能な社会の実現を指向する環境や資源に配慮した科学技術やサービス，その過程への注目も高まっている。

4）国際ソーシャルワーカー連盟（IFSW）が示した「COVID-19に関する倫理的意思決定」（春見静子訳）は下記よりアクセス可。http://www.jasw.jp/news/pdf/2020/20200407_covid.pdf

クライナ侵攻とその甚大な被害と影響が象徴的ではあるが，その他にも**貧困**や社会経済的な**格差**，**難民問題**，**気候変動と大規模災害**等，枚挙にいとまがない。

　国際ソーシャルワーク[5]の広範な議論を参照すると，世界規模の社会福祉課題には，人権や社会正義等の視点から，**貧困**，**人身取引**，**児童保護・福祉**，**戦争・紛争**とそれらによる**強制移住**，**移民・難民**，HIV/AIDS や COVID-19 をはじめとする**公衆衛生**上の課題，**女性やジェンダー**にかかわるテーマ，**自然災害・人為災害**，**高齢化問題**が含まれる（Healy & Tomas, 2021；Mapp, 2021）。国境を越える課題と取り組みという観点からは，開発領域，貧困領域，紛争および復興の領域，移民・移民労働者の領域，強制移住・難民の領域等のように整理される場合もある（Cox et al., 2006）。近年では，**気候変動や環境問題**に対するソーシャルワーカーの役割も明確に示されている（Healy & Thomas, 2021）。

　さらに分野を細分化した例として，ある書籍は23の世界規模の社会問題を記している（Healy & Link, 2012）。世界規模の人口高齢化，児童虐待・ネグレクト，児童労働，児童兵士（少年兵），ストリート・チルドレン，コミュニティ内の暴力，薬物依存・取引，雇用・失業・ディーセントワーク，環境問題・保護，民族紛争，HIV/AIDS，人身取引，先住民と文化的生存，世界規模の精神保健，移民・難民，自然災害・人為災害，貧困とヒューマン・ニーズ，人種差別・反人種差別戦略，国際保健の脅威（重症急性呼吸器症候群・SARS），退役軍人・兵士・軍人家族，女性の状況，女性に対する暴力，青少年問題，が含まれる。それらは体系的に整理されているわけではないが，国際ソーシャルワークが取り組む社会課題の領域がいかに広いかを物語っている。

　加えて，それぞれの問題についても多様な側面がある。貧困を一つ

5）本書では，国際ソーシャルワークの主流の議論については，「国際ソーシャルワーク」として記述し，「国際開発ソーシャルワーク」とは意図的に表記を区別した。本章の「国際開発ソーシャルワークとは」の節も参照のこと。

とってもさまざまな側面があり，たとえば，国際貧困ラインの 1 日あたり2.15米ドル未満で生活している**絶対的貧困**[6]，国内で（等価可処分）所得の中央値の半分未満で生活している**相対的貧困**，保健・教育・生活水準等から貧しさを捉える**多元的貧困**[7] 等に当たる状態がある。なお，諸課題の別の例として，国際的な社会問題としての**障害問題**（disability issues）については第 8 章で取り上げる。

　それらの世界規模かつローカルな課題に対する国際規範的な枠組みや開発のアプローチにもさまざまな側面がある。そもそも，**開発**（development）において，貧困撲滅の過程や目標は重要であるが，経済的な側面だけがあるわけではない。たとえば，開発について，「現状から "より良いと思う状態 " に向かって進もうとする現状改革の努力」という説明がある（西垣ほか，2009：5）。開発には経済開発，社会開発，人間開発等[8] のさまざまな側面があるが，当然，誰にとって「何がより良いのか」についても常に議論となる。

　歴史的には，経済成長によりその利益が開発途上国の隅々にも広がるという「トリクルダウン」（trickle-down）への懐疑から，人間の基本的ニーズ（食料，住居，保健衛生，教育等）を満たすことを意図した「ベーシック・ヒューマン・ニーズ」（BHN：Basic human needs）アプローチ，世界銀行と国際通貨基金（IMF）による構造調整アプローチ，人間の安全保障に基づくアプローチ等へと発展してきた過程がある（西垣他，2009）。

　2000年には国連ミレニアム・サミットにて**ミレニアム開発目標**（Millennium Development Goals：**MDGs**）が採択された。開発途上国

6）世界銀行は2015年に国際貧困ラインを1.25米ドルから1.9米ドルへ改定し，その貧困ラインを下回る生活をしている人びとを 7 億以上（世界人口の10％相当）と推計（世界銀行，2018）。2022年 9 月には物価変動が反映され2.15米ドルへと改定。
7）国際連合開発計画等（UNDP & OPHI, 2022）は12億人と推計。第 2 章表 4 も参照のこと。
8）国際開発については第 2 章，社会開発の定義については第 3 章も参照のこと。

における極度の貧困撲滅を含む8目標[9]が掲げられ，2015年までの達成が目指された。2015年には国連サミットにて，MDGsの後継として2030年までの**持続可能な開発目標**（Sustainable Development Goals：**SDGs**）が採択された。SDGsでは「**誰一人取り残さない**（No one will be left behind)」をスローガンに，経済・社会・環境の調和や統合の観点から，全人類が取り組むべき17のグローバル目標[10]と169のターゲット（達成基準）が示された。SDGsにはMDGsよりも策定の過程で開発途上国や新興国の声が大きく反映されたといわれる（小川, 2017)。変わりゆく，そして不確実な世界の中で，またさまざまな関与者間での政治経済的なかかわりや思惑がある中で，一人ひとりが，そしてさまざまな集団や組織が，どのように取り組んでいけるかが問われている。

　国際開発や国際協調にかかわる状況が変化してきていることにも敏感でなければならない。開発途上国[11]は，開発の遅れた国々や支援を受ける国々等とみなすことが，もはや適切ではない状況にある。象徴的な例として，BRICS（Brazil, Russia, India, China and South Africa）をはじめとする**新興国（Emerging power)** が台頭し，いわゆる開発ドナーも多角化している。とくに，**中国の対外援助**の発展は著しい一方で，同国から欧州等にかけての広域で巨大な経済圏構想である「一

---

9) ①極度の貧困と飢餓の撲滅，②普遍的初等教育の達成，③ジェンダーの平等の推進と女性の地位向上，④乳幼児死亡率の削減，⑤妊産婦の健康の改善，⑥HIV/エイズ，マラリア，その他の疾病の蔓延防止，⑦環境の持続可能性の確保，⑧開発のためのグローバル・パートナーシップの推進

10) ①貧困をなくそう，②飢餓をゼロに，③すべての人に健康と福祉を，④質の高い教育をみんなに，⑤ジェンダー平等を実現しよう，⑥安全な水とトイレを世界中に，⑦エネルギーをみんなに。そしてクリーンに，⑧働きがいも経済成長も，⑨産業と技術革新の基盤を作ろう，⑩人や国の不平等をなくそう，⑪住み続けられるまちづくりを，⑫つくる責任，つかう責任，⑬気候変動に具体的な対策を，⑭海の豊かさを守ろう，⑮陸の豊かさも守ろう，⑯平和と公正をすべての人に，⑰パートナーシップで目標を達成しよう

11) 本書では，経済開発協力機構・開発援助委員会（OECD-DAC）の「DAC援助受け取り国・地域リスト」のうち「途上国・地域」を指すことにする。ただし，この分類自体の是非については批判的な検討が必要である。https://www.mofa.go.jp/mofaj/gaiko/oda/shiryo/kuni/04_databook/ex_t4.html

帯一路」等をはじめとして，その覇権主義への懸念が諸外国から表明されることもある（Gu & Kitano, 2018；Kitano, 2018）。そして，**援助側と被援助側の図式**が変わりつつあるとともに，国際連合や経済開発協力機構・開発援助委員会（OECD-DAC）が提示するような**国際的な規範や枠組み**が相対化しかねない可能性さえあるように見受けられる（小川，2017；近藤，2014）。混沌とする世界における**多極化**の言説やその含意，地政学的な背景等についても，多角的で批判的な視点をもってとらえていくことも必要である。また，欧米諸国を含む国々における**民主主義のゆらぎ**やさまざまな**分断**が顕在化する中で，世界の国際協調のあり方も問われている（Youngs, 2021）。

　以上のことは国際開発や国際協力におけるソーシャルワークにも関連してくるものである。つまり，目の前の人びととの取り組みはもとより，それ自体をときに俯瞰的にとらえる視点も求められるということである。これまでゆるぎないと考えられていた状況が変わる可能性さえあるが，（とくにソーシャルワーカーとして）変えてはならないような視点や価値もあろう。本書を通じて，変わりゆく世界の中で，国際開発ソーシャルワークをなぜ学ぶのかに触れつつ，求められる基本的な視点について考えていく。次に，国際ソーシャルワークにおいて主流の規範を踏まえつつ，国際開発におけるソーシャルワークの諸側面を概観する。

ソーシャルワークの国際的な規範と活動

　国際社会福祉や国際ソーシャルワークを取り巻く国際潮流は変化し続けている。その中でも，近年のソーシャルワークにかかわる国際規範と活動を捉えておくことは重要である。ここでは，ソーシャルワーク専門職のグローバル定義と，グローバル・アジェンダについて主要な点を概観する。その意図は，これらのある種の国際規範を実践の前提とするために紙面を割くということではなく，本書を通して批判的

な視点を持って検討してほしいため，詳しく提示する（秋元，2015；Akimoto, 2017）。

ソーシャルワーク専門職のグローバル定義

　2014年7月に開催された国際ソーシャルワーカー連盟（IFSW）と国際ソーシャルワーク学校連盟（IASSW）の総会によって，「**ソーシャルワーク専門職のグローバル定義**」（以下，グローバル定義）が承認された（IFSW & IASSW, 2016）。グローバル定義は国際ソーシャルワークとイコールではないことや，議論の余地のある論点も含めて理解しておく必要がある（秋元，2015）。以下の枠内に，社会福祉専門職団体協議会国際委員会・日本福祉教育学校連盟（2017）の日本語定訳を併記し，筆者が強調する部分に下線部を付け加えた。

　次の定義は，近年の日本の社会福祉士や精神保健福祉士のカリキュラムを履修した学生であれば，教科書や講義等の中で一度は見聞きしたことがあるだろう。グローバル定義の冒頭では，「**専門職**」であるソーシャルワーカーの中核となる任務（core mandates）には，社会変革（social change）・社会開発（social development）・社会的結束（social cohesion）の促進と，人びとのエンパワメントと解放（empowerment and liberation of people）が含まれる，とされた。しかし，専門職にのみ限定する欧米的な視点等に対する是非がある（秋元，2015）。

　また，各国・地域の文脈を踏まえた展開について触れられたことは重要である。この点は，後述の地域・民族固有の知やインディジナス・ソーシャルワークとも関連する。

ソーシャルワークは，社会変革と社会開発，社会的結束，および人々のエンパワメントと解放を促進する，実践に基づいた<u>専門職</u>であり学問である。<u>社会正義，人権，集団的責任，</u>	Social work is a practice-based <u>profession</u> and an academic discipline that promotes social change and development, social cohesion, and the empowerment and liberation of people.

および多様性尊重の諸原理は，ソーシャルワークの中核をなす。ソーシャルワークの理論，社会科学，人文学，および地域・民族固有の知を基盤として，ソーシャルワークは，生活課題に取り組みウェルビーイングを高めるよう，人々やさまざまな構造に働きかける。この定義は，各国および世界の各地域で展開してもよい。	Principles of social justice, human rights, collective responsibility and respect for diversities are central to social work. Underpinned by theories of social work, social sciences, humanities and indigenous knowledge, social work engages people and structures to address life challenges and enhance wellbeing. The above definition may be amplified at national and/or regional levels.

　多様性のある社会において，社会経済的，文化的な諸要因は人びとの機会の障壁ともなりうるため，ソーシャルワークによるそれらに対する働きかけが強調された。それは**反抑圧的な実践**（anti-oppressive practice）とも関連する。ただし，その働きかけは社会全体の混乱や不安定さをもたらすことを意図した行動や運動という意味ではない。

ソーシャルワークは，相互に結び付いた歴史的・社会経済的・文化的・空間的・政治的・個人的要素が人々のウェルビーイングと発展にとってチャンスにも障壁にもなることを認識している，実践に基づいた専門職であり学問である。構造的障壁は，不平等・差別・搾取・抑圧の永続につながる。人種・階級・言語・宗教・ジェンダー・障害・文化・性的指向などに基づく抑圧や，特権の構造的原因の探求を通して批判的意識を養うこと，そして構造的・個人的障壁の問題に取り組む行動戦略を立てることは，人々のエンパワメントと解放をめざす実践の中核をなす。不利な立場にある人々と連帯しつつ，こ	Social work is a practice profession and an academic discipline that recognizes that interconnected historical, socio-economic, cultural, spatial, political and personal factors serve as opportunities and/or barriers to human wellbeing and development. Structural barriers contribute to the perpetuation of inequalities, discrimination, exploitation and oppression. The development of critical consciousness through reflecting on structural sources of oppression and/or privilege, on the basis of criteria such as race, class, language, religion, gender, disability, culture and sexual orientation, and developing action

の専門職は，貧困を軽減し，脆弱で抑圧された人々を解放し，社会的包摂と社会的結束を促進すべく努力する。	strategies towards addressing structural and personal barriers are central to emancipatory practice where the goals are the empowerment and liberation of people. In solidarity with those who are disadvantaged, the profession strives to alleviate poverty, liberate the vulnerable and oppressed, and promote social inclusion and social cohesion.

社会変革が強調されたこともポイントの一つである。次の文章では，ソーシャルワーカーの取り組みにより，草の根のレベルから，マクロのレベルまで，社会および環境を変革し改善していくことが示された。

社会変革の任務は，個人・家族・小集団・共同体・社会のどのレベルであれ，現状が変革と開発を必要とするとみなされる時，ソーシャルワークが介入することを前提としている。それは，周縁化・社会的排除・抑圧の原因となる構造的条件に挑戦し変革する必要によって突き動かされる。社会変革のイニシアチブは，人権および経済的・環境的・社会的正義の増進において人々の主体性が果たす役割を認識する。また，ソーシャルワーク専門職は，それがいかなる特定の集団の周縁化・排除・抑圧にも利用されない限りにおいて，社会的安定の維持にも等しく関与する。	The social change mandate is based on the premise that social work intervention takes place when the current situation, be this at the level of the person, family, small group, community or society, is deemed to be in need of change and development. It is driven by the need to challenge and change those structural conditions that contribute to marginalization, social exclusion and oppression. Social change initiatives recognize the place of human agency in advancing human rights and economic, environmental, and social justice. The profession is equally committed to the maintenance of social stability, insofar as such stability is not used to marginalize, exclude or oppress any particular group of persons.

　日本のソーシャルワーク教育では一般的にあまり重視されていない
か，あるいはコミュニティワークの中で触れられる程度かもしれない
が，**社会開発**はグローバル定義において中核的任務として位置付けら
れた。社会開発は国際開発・ソーシャルワークと密接に関連するもの
であり，次のように記された（第 3 章も参照のこと）。

社会開発という概念は，介入のための戦略，最終的にめざす状態，および（通常の残余的および制度的枠組に加えて）政策的枠組などを意味する。それは，（持続可能な発展をめざし，ミクロ―マクロの区分を超えて，複数のシステムレベルおよびセクター間・専門職間の協働を統合するような）全体的，生物―心理―社会的，およびスピリチュアルなアセスメントと介入に基づいている。それは社会構造的かつ経済的な開発に優先権を与えるものであり，経済成長こそが社会開発の前提条件であるという従来の考え方には賛同しない。	Social development is conceptualized to mean strategies for intervention, desired end states and a policy framework, the latter in addition to the more popular residual and the institutional frameworks. It is based on holistic biopsychosocial, spiritual assessments and interventions that transcend the micro-macro divide, incorporating multiple system levels and inter-sectorial and inter-professional collaboration, aimed at sustainable development. It prioritizes socio-structural and economic development, and does not subscribe to conventional wisdom that economic growth is a prerequisite for social development.

　さらに，**地域・民族固有の知**（indigenous knowledges）と先住民に
ついて言及されたことは特筆すべきである。第 4 ～ 5 章等においても
触れるように，現地のソーシャルワーカーや当事者との協働について
考えた場合にも，強く関連する側面である（cf. 三島，2016）。

この定義は，ソーシャルワークは特定の実践環境や西洋の諸理論だけでなく，先住民を含めた地域・民族固有の知にも拠っていることを認識	This proposed definition acknowledges that social work is informed not only by specific practice environments and Western theories, but also by

している。植民地主義の結果，西洋の理論や知識のみが評価され，地域・民族固有の知は，西洋の理論や知識によって過小評価され，軽視され，支配された。この定義は，世界のどの地域・国・区域の先住民たちも，その独自の価値観および知を作り出し，それらを伝達する様式によって，科学に対して計り知れない貢献をしてきたことを認めるとともに，そうすることによって西洋の支配の過程を止め，反転させようとする。ソーシャルワークは，世界中の先住民たちの声に耳を傾け学ぶことによって，西洋の歴史的な科学的植民地主義と覇権を是正しようとする。こうして，ソーシャルワークの知は，先住民の人々と共同で作り出され，ローカルにも国際的にも，より適切に実践されることになるだろう。

indigenous knowledges. Part of the legacy of colonialism is that Western theories and knowledges have been exclusively valorised, and indigenous knowledges have been devalued, discounted, and hegemonised by Western theories and knowledge. The proposed definition attempts to halt and reverse that process by acknowledging that Indigenous peoples in each region, country or area carry their own values, ways of knowing, ways of transmitting their knowledges, and have made invaluable contributions to science. Social work seeks to redress historic Western scientific colonialism and hegemony by listening to and learning from Indigenous peoples around the world. In this way social work knowledges will be co-created and informed by Indigenous peoples, and more appropriately practiced not only in local environments but also internationally.

グローバル・アジェンダ

　国際ソーシャルワーク学校連盟（IASSW），国際社会福祉協議会（ICSW），国際ソーシャルワーカー連盟（IFSW）の3組織が2010年に香港で合同会議を開催したのち，2012年より共同で「**グローバル・アジェンダ**」の取り組みを進めてきた。グローバル・アジェンダの目的として，ソーシャルワークと社会開発の国際的な取り組みを可視化し，ソーシャルワーカーが政策開発により貢献できるように実践すること等が謳われている（Truell & Jones, 2012）。

　グローバル・アジェンダは4つの柱からなり，これまで表1に示したテーマに沿って取り組まれてきた。5つの観測所（アフリカ地域，

アジア太平洋地域，ヨーロッパ地域，ラテンアメリカ地域，北米およびカリブ海地域）にて，実践や課題等の報告やデータ収集が行われてきた（木村，2020b）。それぞれのテーマをもとに，キャンペーンやロビー活動による社会変革や政策改革の促進や，ミクロからマクロのレベルにおける多様な実践が行われてきた。世界規模の課題として，貧困と不平等，気候変動，戦争・紛争，自然災害等に伴う社会経済的・環境的問題，少数派（マイノリティ）や先住民の周縁化や抑圧等があり，それらに対する多種多様な実践（反抑圧的な実践を含む）が必要とされてきた（IASSW, 2020）。

　2020年10月には，3組織の合同会議にて，2030年までの枠組み（Global Agenda For Social Work and Social Development Framework 2020-2030）が採択された（IASSW, 2020）。下記のとおり5つのテーマが承認された。SDGs との関連性が意識されながら，新たな取り組みが行われている。

- ソーシャルワークを必要不可欠なサービスとして評価すること（Valuing Social Work as an Essential Service）
- 包括的な社会変革のための共同構築（Co-building Inclusive Social Transformation）
- ウブントゥ―私たちがいるから私がいる（Ubuntu：'I am because

表1. グローバル・アジェンダにおけるテーマ

フェーズ・年	テーマ	和訳
第1フェーズ （2012〜2014）	Promoting social and economic equalities	社会経済的平等の促進
第2フェーズ （2014〜2016）	Promoting the dignity and worth of peoples	人びとの尊厳と価値の促進
第3フェーズ （2016〜2018）	Promoting community and environmental sustainability	持続可能なコミュニティと環境の促進
第4フェーズ （2018〜2020）	Strengthening recognition of the importance of human relationships	人間関係の重要性の認識強化

we are')

- 社会的保護システムの変革（Transforming Social Protections Systems）
- 多様性の推進と共同社会活動の力（Promoting Diversity and the Power of Joint Social Action）

国際福祉や国際ソーシャルワークに関連する諸側面

さて，国際開発ソーシャルワークについて概観する前に，国際福祉や国際的視点について学ぶ内容や側面には，一般的にどのようなものがあるかについてもう少し考えてみたい。[12] ここでは，あえて自国（日本としても良い），先進国，開発途上国に便宜的に分け，それらにおける諸側面について見てみる（図1）。欧米諸国の福祉政策やプログラムを学習すること（①），それらと自国の政策・実践とを比較すること

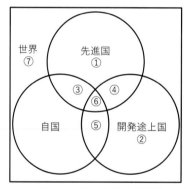

諸側面（例）
① 欧米諸国の政策・実践
② 開発途上国の政策・実践，南南協力
③ 欧米諸国との比較，モデル導入
④ 欧米の開発協力，新興国対外援助
⑤ 開発協力，外国人労働者，多文化共生
⑥ 各国・地域の学びあい
⑦ 世界福祉，格差の是正

図1．自国の立場を意識して国際福祉論を学ぶ諸側面のイメージ

12) たとえば，石河（2003: 30）は，「諸外国の社会福祉」，「社会福祉の国際比較」，「国際社会における福祉活動」，「内なる国際化をめぐる社会福祉」に整理し，それらの相互関連を指摘している。また，石河（2003, 2012）は，外国人が抱える問題が国際福祉の中で取り扱われ，日本国内の社会福祉から切り離される傾向について危惧している。社会福祉士養成カリキュラム（厚生労働省社会・援護局，2020）において多文化共生の視点は取り入れられてはいるが，国内外のマイノリティ問題を分野横断的にとらえていく必要性がある。

（③他の先進国⇔自国），欧米の理論やプログラムの導入を検討すること（③他の先進国→自国）は，一般的であるかもしれない。開発途上国の政策・実践（開発途上国同士の南南協力を含む）を探索すること（②）や，国際協力を志向すること（⑤自国→途上国）は，日本の社会福祉士等の養成課程ではあまり一般的なテーマではないが，地域研究や国際開発にかかわる人にとっては馴染み深いであろう。欧米の開発援助（④），新興国の対外援助の台頭（④），世界水準からみた各国の福祉の格差やその是正に向けた国際機関等による取り組み（⑦）について関心を持つ人もいるだろう。さらに，さまざまな国々の福祉やソーシャルワークの学びあい（⑥）は，国際的な会議や研修，交流プログラム等でも行われる。日本国内に目を向けると，近年では，外国人介護人材受入れの現行制度への批判（劣悪な労働環境の懸念等）や，海外にルーツがある人びとの生活ニーズ（③・⑤海外→自国）への関心が高まっている。

　本書の読者はどの側面に関心をお持ちだろうか。本書では⑤（自国⇔開発途上国）や⑥⑦の発想が当初あったが，以上に挙げた諸側面すべてに，直接的もしくは間接的に関連する。そして，上記は便宜的に自国から発想してみたが，後述の秋元（2020）が示唆するとおり，この**旧態依然たる構造を前提とする視点と実践現場におけるジレンマ**を乗り越えていく必要もある。

　それでは，国際福祉等に関する教育[13]についてはどうであろうか。現状としては，社会福祉士の養成課程を補完する位置づけにある国際福祉関連科目については，いくつかの研究や取り組みが行われてきた。1995年度当時の国際福祉関連科目のシラバス分析（森，1996）[14]では，

13）本書では詳述しないが，ソーシャルワークの教育および養成のためのグローバル基準の改訂版（IFSW & IASSW, 2020）も参照のこと。多様性（diversity）に関する言及が多く含まれている。

14）日本の国際社会福祉教育研究の発展に関して，足利義弘，小島蓉子，古瀬徹，木村真理子をはじめとする先達らの貢献も指摘されている（森，1996；Higashida, 2022）。

日本社会事業学校連盟（現・日本ソーシャルワーク教育学校連盟）の加盟51校のうち，国際社会福祉関連科目を開講中または開講予定の高等教育機関が29校であることが明らかにされた。うち19校の同関連科目の内容が分析され，①国際比較，②先進欧米諸国を重視，③アジア諸国を重視，④戦争と平和，⑤人間の存在（生と死），⑥クロスカルチュアル・ソーシャルワーク，⑦講義と実践の充実，⑧統合型，に類型化された。

　筆者は，日本の国公立大学における国際ソーシャルワーク関連科目のシラバスを分析した（Higashida, 2022）。それによると，対象大学において，社会政策やソーシャルワークをグローバルとローカルの視点で比較しながら，多面的・相対化の視点を重視する傾向がみられた。また，国際問題や日本の多文化共生に焦点を当てながら，他の国や地域の多様な状況を教えている科目もあった。他方，国際的なソーシャルワークや先住民の視点を取り入れた科目は少数であった。国際ソーシャルワークに関する授業の開発の試みはまだ萌芽ともいえる状況にあり，さらに発展させることが必要である。

国際ソーシャルワークの視点と国際社会福祉

　次節以降にて国際開発ソーシャルワークについて述べるが，実際のところ，本書の記述の多くは国際ソーシャルワークや関連領域における知見に負うところが大きい。ここではまず，国際ソーシャルワークをめぐる議論について触れる。「国際ソーシャルワーク」という言葉は，少なくとも1928年にパリで開催された**第１回ソーシャルワーク国際会議**にて公式に使用された[15]，との見解が主流である（Healy & Link, 2012）。

---

15) 体調不良で出席・報告できなかった**エグランティン・ジェップ**（Jebb, 1929）の遺稿で，会議開催後に亡くなったことが注記された。また，代理のボイル（Boyle, 1929: 657）の原稿においても 'International social work' という言葉が使用された。松尾加奈・ARIISW上席研究員より共有いただいた資料を参照した。

　そのような歴史がある一方で，国際社会福祉と国際ソーシャルワークのそれぞれの定義や概念，各々の関係性等に関しては，さまざまな議論がある。それは，社会福祉とソーシャルワークの関係性の議論に加えて，「国際」が関係するためにより複雑である（秋元，2020）。「国際」について，英語では 'international'，'global'，'cross-national' 等の関連する単語や概念があり，それらの解釈をめぐってときには混乱さえある（Healy & Thomas, 2021）。そのような背景を踏まえながらも，**秋元**（2020：25：強調は原文）は国際ソーシャルワークの理念について次のように述べた。

> **究極は世界200の国と地域のすべての人びと，77億人のウェルビーイングの向上を図ること，視点・理念は外からの目，複眼を持ち，複数または共通の物差しを持ち，特定の国または国民に特別の価値，優劣を付与しないこと**

　秋元は，ソーシャルワークについて，外国に関することを行ったり，調査研究をしたりすることは，必ずしも国際ソーシャルワークではないとした。**西洋生まれ専門職ソーシャルワークとそれに基づく国際ソーシャルワーク**が唯一のスタンダードとして位置付けられることへの懸念も示唆した。そして，国際ソーシャルワークの発展段階を 3 期に分け，**第 1 期**を北半球（先進諸国中心のグローバル・ノース）の中での発展，**第 2 期**を北半球から南半球（途上国・新興国を含むグローバル・サウス）へのソーシャルワークの移転（一方向），**第 3 期**を北半球と南半球の双方向・相互関係の中での発展，とした。また，第 2 期の「国際」ソーシャルワークから，第 3 期の「国際ソーシャルワーク」へと発展してきている状況（過渡期的な部分も含む）に整理し示した。

　欧米の研究者による国際ソーシャルワークの定義についても見ておく。たとえば，**リン・ヒーリー**ら（Healy & Thomas, 2021：7-8）は次のように定義した。

人間の尊厳と人権を促進し人間の幸福を高めるための，ソーシャ
ルワーク専門職とその成員による国際的で専門的な行動とその能
力[16]

　このように，ヒーリーら（Healy & Thomas, 2021）は国際ソーシャ
ルワークについて，「専門職」であるソーシャルワーカーらによる行動
を念頭に，尊厳や人権，幸福（ウェルビーイング）といった価値を明
示した。そして，国際ソーシャルワークの4つの次元として，①**国際
的に関連する国内の実践とアドボカシー**（Internationally related
domestic practice and advocacy），②**専門家の交流**（Professional
exchange），③**国際的な実践**（International practice），④**国際的な政
策開発とアドボカシー**（International policy development and
advocacy）を挙げた。本書の視点に直接かかわる③国際的な実践につ
いては，国際開発機関等での雇用やボランティアを通じたソーシャル
ワーク専門職による開発実践が主に想定されている。国際ソーシャル
ワークの理念や視点に焦点化した秋元の定義との差異が読み取れる。
　他には，岡（2020：94）は国際社会福祉[17]の構成要素について，①
「世界各国における国内の社会福祉」，②「先進諸国からの開発途上国
への国際協力」，③「二国間，あるいは多国間の国際協定等による連

---

16) 'international professional action and the capacity for international action by the
social work profession and its members to promote human dignity and human
rights and enhance human well-being' (Healy & Thomas, 2021：7-8).
17) なお，岡は，日本における国際社会福祉論を総括するにあたって，以下の書籍を概
観した。一般的な国際社会福祉について理解を深めたい読者には参考されたい。1)
国際社会福祉協議会日本国委員会．(1980).『国際社会福祉の動向と課題』；2) 谷勝
英．(1991).『現代の国際福祉―アジアへの接近』中央法規出版．；3) ミッジリィ，
J. (1999). 京極高宣・萩原康生監訳．『国際社会福祉論』中央法規出版．；4) 仲村優
一・一番ケ瀬康子編．(2000).『世界の社会福祉12巻　国際社会福祉』旬報社．；5)
藤田雅子．(2000).『国際福祉論―スウェーデンの福祉とバングラデシュの開発を結
ぶ』学文社．；6) 萩原康生．(2001).『国際社会開発』明石書店．；7) 仲村優一・慎
雙重・萩原康生．(2002).『グローバリゼーションと国際社会福祉』中央法規出版．；
8) 川村匡由．(2004).『国際社会福祉論』ミネルヴァ書房.

携」, ④「公的・私的国際機関・組織機関による各種国際支援」に整理
した。本書で述べる国際開発ソーシャルワークは, ②と④の文脈に焦
点を当てたものとして位置づけることができるとともに, その中でも
活動場面を想定したものである。

　本書との関連についてまとめると, 制度・政策としての世界各国の
社会福祉（またその比較研究等）を実践の文脈として間接的には含め
るが, 直接的には詳述しない（Exercise 2 参照）。むしろ, 国際的な社
会開発分野において, 一人ひとりのソーシャルワーカーの実践に役立
ちうる視点と技術に焦点を当てる。

国際開発ソーシャルワークの歴史的背景

　本書の主題である国際開発におけるソーシャルワークについては,
欧米を中心に, 長年に渡ってさまざまな議論が行われてきており, 古
典的なテーマの一つである。ここではソーシャルワークに関する事典
（Social Work Year Book：Encyclopedia of Social Work の前身）等を
参照する。

　1937年には国際ソーシャルワークを構成する 3 要素の一つとして,
政府および非政府組織による国際協力が挙げられた。国際連盟, 国際
労働機関（ILO）, 国連保健機関（LNHO：WHO の前身）による疾病
対策, 労働環境改善, 女性と子どもの保護等にかかる世界的な取り組
みが含まれた（Warren, 1937）。第 2 次世界大戦中の1941年には, 国際
ソーシャルワークの項目において, 国際援助（international assistance）
が明記され（1939年にも簡易記載はあり）, 第 1 次世界大戦後の戦争被
害者や困窮するマイノリティへの取り組みの系譜も記述された（Warren,
1941）。

　第 2 次世界大戦後には, 国際ボランティア・ソーシャルワークの項
目の中で, 海外事業について, 緊急的な支援からより有意義で長期的
な復興への移行の必要性が指摘された（Owen,1949：256）。その後, 国

際ソーシャルワークの項目において，米国[18]による技術協力事業の中に，いわゆる「ポイント・フォア計画」等によるいくつかの国における地域開発（community development）が記述された（Kernohan et al., 1953）。以上のように，第2次世界大戦以前からその萌芽がみられ，実際の国際開発事業を通じて国際ソーシャルワークとの接点が模索されてきた。

1960年代初頭には，International Social Work 誌に掲載された「国際開発のガイドライン」という論稿において，本文にソーシャルワークとの関連等への言及はほぼ見受けられないものの，10項目のポイントが示された（Hoffman, 1961）。その歴史的な背景として，1961年に採択された国連「開発の10年」の経済開発中心の戦略（その後は数次計画）等により南北の格差がさらに開くという問題が顕在化していくが，同ガイドラインをそれに照らして読むと興味深い。

その後，さまざまな経過を経て，社会開発や人間を中心に据えた開発の必要性が強調されるようになった。1995年に国連世界社会開発サミットが開催されたことが象徴的である。2000年に入って，先述のとおり，MDGs や SDGs が提起された。

ソーシャルワークの文献では過去40年以上（とくに1970年後半頃以降），開発の議論が行われているが，広く知られているわけでもないだろう，という指摘もある（Healy & Thomas, 2021）。一方，実際には，国際開発や国際緊急救援等のマクロ・メゾ・ミクロのさまざまな領域で，国際機関だけではなく市民社会セクターを含む多様な組織・人びとが，ソーシャルワークにかかわる活動を行ってきた（原島，2015，2020）。近年においても国際開発におけるソーシャルワークについての実践的なスキルに関する論考を含む書籍が発刊されている（McLaughlin, 2022）。

---

18) 米国の援助の原点として，第2次世界大戦後に欧州各国において巨額の援助であるマーシャルプランが実施され，1950年には国内にて国際開発法（Act for International Development）が成立した。1961年に対外援助法が制定され，米国際開発庁（USAID）が設立された。

国際開発ソーシャルワークとは

　本書では，それらの歴史的な系譜を踏まえながらも，越境する社会問題，人びと，ソーシャルワーク実践家を含みうる開発的実践について「国際開発ソーシャルワーク」という言葉を用いる（東田，2022）。この用語を単純に分解すれば，「国際」，「開発」，あるいは「国際開発」，と「ソーシャルワーク」になるが，本書では概念的には「国際ソーシャルワーク」（第 1 章前々節）と「開発的ソーシャルワーク」（第 3 章）の接点を意識して記述した。そして，国境を越えて開発にかかわるソーシャルワーカー[19]の実践が含まれるが，必ずしもそのポジションに限らないものとして位置づけている。本書では，ポジショナリティ（立場性）の意識化のために，国境を越えて入って活動する人びとについて**「『外』から入った実践家」**，ある特定の国や地域において日々活動する人びとを**「『現地』の実践家」**等として意図的に区別しているが，その位置づけや関係性は**必ずしも固定的ではなく可変的**であり，重なりもありうる（cf. Carling et al., 2014）。

　国際開発ソーシャルワーク (International developmental social work) という概念は，デサイ（Desai, 2013）の書籍から着想を得たものである。国際ソーシャルワークと開発的ソーシャルワークの定義や知見を踏まえ，国際開発ソーシャルワークは次のように述べられている（Desai, 2013: 319-320　筆者意訳）。

- ソーシャルワーク実践の国際的および社会政治経済的側面を重視する。

---

19) 国連をはじめとする国際機関，国際協力機構（JICA）等の政府開発援助（ODA）実施機関，国際協力事業を行う中央省庁・地方自治体，開発コンサルタント等の民間企業，国内外の非政府組織（NGO），フリーランス等を挙げることができる。第 5 章でも触れるが，狭義のソーシャルワーカーとして派遣されるポストは限定的であり，ソーシャルワーカーとしての職業的アイデンティティを持って活動するか否かによる部分があろう。

- 国家を越えて，人間のケイパビリティ開発，社会正義，貧困撲滅，法的正義のための国際社会開発を目指す。
- 国境を越えた社会問題に対して，参加型で，ジェンダーに配慮し，持続可能で，かつ権利に基づく社会政策とサービス提供システムを計画・実施する。
- 生態学的アプローチ，文化に配慮したアプローチ，ストレングス・ソーシャルワーク，エンパワーメント・アプローチを活用する。
- 先進国あるいは開発途上国の国際開発システムにおいて従事する。
- ソーシャルワーク専門職および社会開発の国際的な組織を強化する。

　その関与者や資源としては国連機関，二国間援助機関，国際NGOs等が想定されている。

　以上のように，国際開発ソーシャルワークはデサイによって国際社会開発の文脈の中で多義的に用いられているが，本書では**多様な関与者による，越境する開発的なソーシャルワーク実践**に焦点を当てる。世界規模かつローカルな社会課題と人びとのケイパビリティに着目する一方で（第3章），主流・支配的なものとは差異がありうる多様な知と実践があることを前提とする（第4章）。具体的な実践の対象（化）と期待される機能等は関与者間の相互作用に依存することを想定する（第5章〜第6章）。

　あえて，「国際ソーシャルワーク」としない理由の一つは，**「援助者―被援助者」の二項対立的な構造やそれらにかかわりうる権力性**を常にはらむこと，そしてそれを批判的に意識化することが求められる点を強調しようとしたことにある（東田，2022）。たとえば，本書で用いる「**現地**」（の人びと）という言葉は，ある種の偏った意味を包含する

表現[20] として象徴的である（東田，2023）。また，「外」から入った立場の実践家においては，その立場性や自分自身と他者との関係性自体を俯瞰的（あるいは**メタ**的）にとらえながら実践を行うことが求められる。そこで本書では，秋元（2020）が述べるような国際ソーシャルワークの視点を国際開発ソーシャルワークが目指す理念として位置づけるとともに，国際開発ソーシャルワークは現実世界における実践と挑戦を問う概念としてみなす。加えて，学生が卒業後に，ソーシャルワーカーとして国際開発や国際協力，緊急災害支援，国内の国際的課題に対する実践を含む，多様な活動場面にかかわる可能性に着目しながら記していることも理由の一つである。

　しかし，実際には国際開発ソーシャルワークの概念整理には簡単ではない側面がある。それは，海外のことを行えば（あるいは国境を越えて行うソーシャルワークを実践すれば）国際ソーシャルワークであるとは必ずしも言えない，という秋元（2020）の指摘に通じる。国際開発ソーシャルワークの必要十分な条件については議論の余地があるが，実践家の**視点**や**アイデンティティ**，**ポジショナリティ**のみならず，より広範な**社会的なイメージ**（あるいは社会的表象），国際開発の**構造**等のさまざまな側面が関連する（東田，2023；東田・松尾・原島，2023）。たとえば，実践家個人や実践家集団が関連する実践について国際開発ソーシャルワークとして認識するのか，あるいは誰がそれを国際開発ソーシャルワークとして認識し記述するか，といった論点がある。その一方で，外から内に入って活動する実践家のポジショナリティ（かつ，多くの場合，有期限）やその前提となる構造（例：先進国

20）国際協力や開発分野等で用いられることがあるが，ある特定の立場性やその背景にある構造，とくに「開発—低開発」や「援助者—被援助者」のような旧態依然たる構図の前提が含まれているかもしれない。一方で，「いまや二つの対立軸は一つに融解し『生存』と呼ぶべき共通の課題群を生み出しつつある」（p.2）という佐藤（2016）の説明のように，変わりゆく開発の諸前提や構図についても注目する必要がある（東田，2023）。

／途上国，する／される）[21] は，国際開発ソーシャルワークにおいて問われ続ける側面であろう（第5章参照）。本書では，それらの問うべき課題を認識しながらも，国境を越えて開発的実践を学ぶソーシャルワークの学生に向けた説明枠組みとして提起した。

国際開発ソーシャルワークの発展と展開に向けて

ここまで，国際潮流と，グローバル定義やグローバル・アジェンダを含む国際的な規範と取り組みの一端について触れたうえで，国際開発ソーシャルワークの視点と概念について述べてきた。それらが示すように，世界規模の課題に対して，ソーシャルワーカーの**組織的，集団的な行動**が求められている（木村，2020b）。そのために，国際的な視点や枠組みは活用されるべきであろう。

他方，**一人ひとり**の国際開発ソーシャルワークの実践家が，そのような視点を踏まえながらも，実際の現場でどのように取り組むことができるだろうか。国際開発ソーシャルワークは，ソーシャルワーカー個人の狭義の専門的な技術や知識だけではなく，現地のニーズや，現地のワーカーや当事者をはじめとする人びと（最も周縁化された人びとや社会構造的に抑圧されてきた人びとを含む）との**かかわり**無くして成り立つものではない。現場で実践する国際開発ソーシャルワークの実践家に求められる視点や方法について，残りの各章で説明を加えていきたい。

本書は探索的であり未完ともいえる。今後，国際開発ソーシャルワークのあり方についての理論や実践，研究もさらに発展していくことが期待される。求められるものは机上の理論ではなく，また，いわゆ

---

21) あるいは，方法論的ナショナリズム批判の視点からも検討することができよう。佐藤（2009）によれば，「①世界が国民国家を基礎的単位として構成されているということ，②国民国家が『社会』と一体化された均質な組織ないし共同体であることを，問われることのない所与とする」（p. 13）前提を批判的に検討するものである（東田，2023を改変）。

る先進国のソーシャルワーカーの独りよがりの取り組みでもない。現地の人びととの一つ一つの実践の積み重ねが重要である。

コラム1

オーストラリアで働く若手ソーシャルワーカー

　織田さんとはモンゴルで出会いました。当時はソーシャルワークを学ぶ院生であり，JICAのインターンでした。現在はオーストラリアにてソーシャルワーカーとして活躍しています。オーストラリアには，先住民の子どもを白人家庭や教会等に強制的に送ることにソーシャルワーカーが加担したといわれる歴史やグローバル定義が採択された地であるという背景もあり（三島，2016），多文化共生を学ぶ上でも興味深い国です（その「盗まれた世代（Stolen Generation）」や家族に対する政府の公式謝罪は2008年）。織田さんの活動について，国際開発との関係性を考えながら読んでみても興味深いでしょう。（筆者）

　私は日本の大学では国際関係について勉強し，米国留学も経験し，当時から多文化主義と共生に興味を持っていました。障害者施設の職員である両親の影響から，社会福祉やソーシャルワークは身近なものでしたが，大学でソーシャルワークを専門に学んだわけではありませんでした。卒業後，一般企業での勤務をする中で，自分の強み，価値観に向き合い，次第にソーシャルワークに関心を寄せるようになりました。福祉の現場経験を積むために障害者のグループホームで世話人を経験しました。そして，オーストラリアにあるフリンダース大学院ソーシャルワーク学科に，国際ロータリー・グローバル奨学生として留学しました。同大学院留学中に，アデレードにある公立小学校と，地域精神保健サービスを提供するNGOにて，通算1,000時間のソーシャルワーク実習を行いました。また，長期休暇中にはJICAの学生インターンとして，モンゴルに一カ月間滞在し，「ウランバートル市における障害者の社会参加促進プロジェクト」（DPUB）に参加する機会を得ました。それらを通じて，ソーシャルワークが持つ可能性や意義に

ついて学びを深めました。

　2021年より南オーストラリア政府児童保護省にてソーシャルワーカーとして勤務しました。虐待や貧困，親の薬物乱用，アルコール依存症，精神障害といったさまざまな理由により，親と暮らすことができない要保護児童に対してアセスメントをしながら，家庭養護と施設養護に関する相談支援や必要な調整を担当しました。2022年12月より，Relationships Australia South Australia という NGO にて，社会的養育経験者を支援するケースマネージャー／カウンセラーとして勤務しています。

　現場の中で，先住民の人々，難民等の様々なバックグラウンドを持つクライエントと関わっています。文化的な謙虚さ（cultural humility）を大切にし，常に学び自問自答し続けながら，目の前のクライエントの声に寄り添い，実践を行っていきたいと考えています。

（織田　夏実）

Exercise 1　ソーシャルワークを国際的な視点から考える！

　ソーシャルワークにおける国際的な視点についてどのように考えるか，グループでディスカッションしてみましょう。その際，以下の点についても考えてみましょう。

- あなたにとってソーシャルワークを国際的な視点から学ぶ意義は何でしょうか。

- 社会福祉教育の中で学ぶソーシャルワークと国際ソーシャルワーク（あるいは国際開発ソーシャルワーク）には，何か異なる点があるでしょうか。

- 国際的な視点を持つことは，国内のソーシャルワーク実践とどのように関連するでしょうか。

第2章

国際開発ソーシャルワークに関連する
基本的視座と用語

　本章では国際開発ソーシャルワークの実践家に求められるいくつか
の視点や用語について概観する。西洋生まれのソーシャルワークの歴
史や理論，国際社会福祉については，比較のために触れる程度に過ぎ
ない。

西洋生まれ専門職ソーシャルワークと諸理論の相対化

　ソーシャルワークの歴史について，一般的な教科書（社会福祉士養
成用等[22]）であれば，中世の前史等を除くと，19世紀以降の社会福祉や
ソーシャルワークの萌芽の解説から始めることが多いであろう。英国
では，産業革命後の不況による貧困や失業を背景として，1819年にト
ーマス・チャーマーズによって始められた隣友運動（貧困家庭への友
愛訪問や慈善活動），1869年にロンドンで設立され友愛訪問を実施した
慈善組織協会（COS）等がある。米国では，1877年にニューヨーク州
で初めて設立された慈善組織協会，1886年にスタントン・コイトによ
って設立された米国初のセツルメントであるネイバーフッド・ギルド
等がある。黎明期のケースワークにおいては，メアリー・リッチモン
ドによる貢献（1899年『貧困者への友愛訪問』，1922年『ソーシャルケ
ースワークとは何か』等）が象徴的に述べられるであろう。[23]

---

22) ここでは，国家試験対策用のレビューブック（医療情報科学研究所，2020）と一般
　的なテキスト（日本ソーシャルワーク教育学校連盟，2021）を参照した。
23) 黎明期から移民や少数派の人びとが抱える問題への取り組みも含まれていたといわ

　本書では，それらの歴史や理論も尊重する。実際，西洋生まれのケースワーク，グループワーク，コミュニティワークをはじめとする理論や知識，技法，アプローチと，それらにかかわる価値と倫理が，あらゆる国や地域のソーシャルワークの教育や実践にも影響を与えているであろう。そして，国際開発ソーシャルワークの実践家がそれらの理論や知識，技術をいかに活用できるか，ということは議論になろう。

　しかし，**西洋生まれ専門職ソーシャルワーク（Western-rooted professional social work）**を「至上」としたときに，それが植民地主義的で権力を持つことにさえなりうることにも留意しておかなければならない（秋元，2020）。そして，国際開発に関するソーシャルワークにおいて，さまざまな視点や**言説**（discourses）があることを認識し理解することは重要である。たとえば，国際開発ソーシャルワークに関して，図2に示すような多様な言説の位置づけがありうる。これは，国際開発ソーシャルワークの類型化のための枠組みを意図してはおらず，関連する理論や知がどの領域・層に関わっているかを読み解くツールの一つとして提示した。実際には，それぞれの層がグラデーションあるいは連続体（スペクトラム）にあろう。本書で述べる諸理論や視点，言説がどこに位置するかについても検討してもらいたい。

　たとえば，表2は，ある研究者ら（Gray et al., 2010a）が示した，多様なソーシャルワークに関する言説である。開発途上国や新興国において欧米の**利益，ユダヤ教・キリスト教**にかかわる**価値規範，個人主義的**な視点に基づく西洋ソーシャルワークの導入が行われている現状を指摘しつつ，特定のアプローチに優位性を持たせない形で複数の言説が整理された（Gray, 2016；Gray et al., 2010a）。とくに，国際開発ソーシャルワークにかかわる視点として，**ポストコロニアル・ソーシャルワーク**（postcolonial social work）や**インディジナス・ソーシャルワーク**（indigenous social work）の視点は重要である。それらは開

れる。その他，ソーシャルワーク教育の発展や国際ソーシャルワーク学校連盟（IASSW）におけるキャサリン・ケンドルの貢献も特筆すべきである（NASW Foundation, 2004）。

発途上国や新興国をはじめとする南半球（グローバル・サウス）や先
住民を含む関与者の視点と実践等から提起されてきた（第4章参照）。
そのような観点を踏まえ，日本の社会福祉教育において必ずしも十分
には取り入れられていない用語や視点について，断片的ではあるが紹
介する。

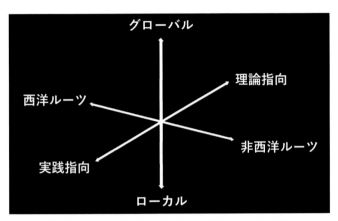

図2．諸理論や言説の位置についての議論のための三次元ツール

表2．ソーシャルワークにおける並行・関連する言説

言説	英語原文
•「土着化」，「欧米から他の国・地域へ」	Indigenization, 'West to the rest'
• インディジナス・ソーシャルワーク：主権・土地・文化・人権と脱植民地化の言説	Indigenous social work: Sovereignty, land, cultural, and human rights and decolonization discourses
• 異文化間：文化的に感受的，文化的コンピテンス，「欧米の中のその他」	Cross-cultural: culturally sensitive; cultural competence, and 'rest in the west'
• 国際ソーシャルワーク	International social work
• 移民・難民とのソーシャルワークに関する新たな言説	Emerging discourse on social work with immigrants and refugees
• 非主流文化とマイノリティ文化に関する反抑圧的言説	Anti-oppressive discourse on non-dominant and minority cultures

注：Gray et al.（2010a：9）より作成。

国際開発ソーシャルワークにかかわる基本的な用語

　一般のソーシャルワークの理論，分野，アプローチ等については多くの用語や概念がある。たとえば，欧米のソーシャルワークの入門的なテキスト（Dunk-West, 2018）では，ソーシャルワークにおける鍵となる用語と，その意味と関与者がいくつか例示されている。ここでは単語のみを列記して概観しておく（表3）。表中にあるように，ソーシャルワークに関連する構成要素や概念，実践領域，アプローチ等の用語が含まれており，日本のソーシャルワークにおいても馴染み深いものもあろう。

　他方，表3には，西洋的な見方を相対化する用語や概念（たとえば，社会的構築主義，省察性と再帰性，文化的・言語的な多様性）も含ま

表3．ソーシャルワークにおいて鍵となる用語と和訳の例

一般用語

Actor（アクター），Agency（エージェンシー），Attachment（愛着），Client（クライエント），Culture（文化），Detraditionalisation（脱伝統化），Epistemology（認識論），Ethics（倫理），Identity（アイデンティティ），Intimate relationships, sexuality, sexual identity（親密な関係，セクシュアリティ，性的アイデンティティ），Late modernity（後期モダニティ），Norm（規範），Reflexivity and reflexiveness（省察性と再帰性），Scripting（台本），Self（自己），Self-making（自己づくり），Service user（利用者），Social constructionism（社会的構築主義），Social work（ソーシャルワーク），Sociality（社会性），Socialisation（社会化），Structure（構造）

各論用語

Youth offending（青少年犯罪），Mental health（精神保健），Substance use/misuse（物質使用・誤用），Older people（高齢者），Disability（障害），Children and families（児童と家族），Sexual health（性の健康），Domestic violence（ドメスティック・バイオレンス），CALD (Culturally and linguistically diverse)（文化的・言語的な多様性），Community（コミュニティ），Advocacy（アドボカシー），Health（健康／保健），International development（国際開発），Policy（政策），Research（研究），Self-employed（自営）

注：Dunk-West (2018: 14-17, 177-182) より抜粋。

れる。このことは,「**西洋生まれ**」と「**非西洋**」のソーシャルワーク視
点が必ずしも明確に区別できるものではない状況もあり, それらの相
互作用の可能性を示唆する。

　同書の中で, 国際開発ソーシャルワークに直接関係する**国際開発
(international development)** については次のように述べられて
いる (Dunk-West, 2018: 16)。

> 　国際開発活動は, コミュニティワーク, 個別支援活動, グルー
> プワークを含みうる。国際開発は, HIV 感染の削減や平和構築の支
> 援等, 特定の問題にかかわるものである。この活動は, 開発の対
> 象となる国で行われる。[24]

　そして, 国際開発の関与者の例として, 通訳者 (interpreters), 政
策立案者 (policy-makers), 疫学者 (epidemiologists), 医師と看護師
(medical doctors and nurses), 産婦人科医のような医療専門家(medical
specialists such as obstetricians and gynaecologists), 教 師
(teachers), コミュニティワーカー (community workers) が挙げら
れている。通訳者が一番目に挙げられていることについては, 英語を
前提としているならば欧米的な認識であるようにも見えるが, 現地語
や少数民族語が複数ある場合等には意思伝達のために必要となりうる
(国際開発ソーシャルワークの関与者については, 第５章も参照)。ま
た,「開発の対象となる国」を限定している構造については議論の余地
があろう。

　実際には, 国際開発ソーシャルワークや, 国際ソーシャルワークに
関連のある領域と, 期待される役割と機能は広範である。第１章で触

---

[24] 'International development activities can encompass community work, individual
work and group work. International development will involve a particular issue,
such as reducing HIV transmission or assisting in peace-building. The work occurs
in the country in which the development is targeted.' (Dunk-West, 2018: 16.)

れたグローバル・アジェンダとして取り組まれているように，世界規模からローカルにわたるテーマまでさまざまな課題がある。例を挙げると，貧困，女性とジェンダー，児童問題（たとえば児童労働やストリートチルドレン），障害問題，精神保健，高齢化社会，自然災害や人災，難民や少数民族，人身売買，感染症（たとえば HIV ／エイズや COVID-19），紛争と平和構築等の分野や各課題があり，レベルとしては**個別**から**集団，地域，政策，世界規模のあらゆる関与**まで（いわゆるミクロからマクロまで）の幅広い実践が求められるであろう。

つぎに，国際開発ソーシャルワークと関連が強い用語を表 4 に示す。

表 4．国際開発ソーシャルワークに関連する用語の例

南半球と北半球 Global South and Global North	北半球（グローバル・ノース）に遍在する先進国（developed countries）と南半球（グローバル・サウス）に多い開発途上国（developing countries）の間の格差等を論じるときに，しばしば用いられる。新興国（emerging countries）の台頭に伴い，世界の状況はより複雑化しつつある。冷戦期には，開発途上国は第三世界（Third World）としばしば呼称された（第一世界は資本主義の西側陣営，第二世界は共産主義の東側陣営）。「2022年度版 開発協力白書」（外務省，2023）では，「多大な影響を受けるいわゆる『グローバル・サウス』への支援」など，同白書では初めて「グローバル・サウス」という言葉が用いられた。
持続可能性 Sustainability	人間による諸活動が将来にわたっても持続することができるかを示す概念である。もともとは環境分野等で用いられることが多かったが，国際開発においても重要な概念である。SDGs に「持続可能な」と付されたことが象徴的である。
人間の安全保障 Human security	国際開発の理念の一つで，「国家の安全保障」を補う。2001年，故・緒方貞子（元・国連難民高等弁務官，元・JICA 理事長）とアマルティア・センが共同議長を務めた「人間の安全保障委員会」の報告書にて，「人間の生にとってかけがえのない中枢部分を守り，すべての人の自由と可能性を実現すること」と定義された。人びとが「恐怖」と「欠乏」から自由になり，人間らしい尊厳のある生活が送れる状態をつくることが目指される（JICA, n.d.）。

人間開発指数 Human development index	HDIと略されることがある。国連開発計画（UNDP）が導入した，世界各国の人間開発の指標である。保健，教育，所得指数の統計によって算出される。2021/2022年版報告書では1位はスイス，日本は19位であった（UNDP, 2022）。
貧困 Poverty	世界において貧困削減は主要な開発課題の一つであり，SDGsにおいても一つ目の目標として掲げられている。センは，貧困の定義を基礎的なケイパビリティの欠如の状態とした（Sen, 1992, 1999）。貧困の指標には，第1章で触れたとおり，絶対的貧困，相対的貧困，多元的貧困などがある。多元的貧困については，HDIの分類と指標に基づく多次元貧困指数（Multidimensional Poverty Index：MPI）等の尺度がある。貧困は不平等（inequality）や格差とともに議論されることが多い。貧困に対するケイパビリティ・アプローチ（the capability approach）については第3章を参照のこと。その他，持続可能な生計アプローチ（the sustainable livelihood approach）等もある。
ジェンダー Gender	多義的な意味を持つ用語であるが，国際開発では社会的な規範（norms）について焦点化されることが多い。たとえば，男性優位社会にみられるジェンダー不平等の是正が論じられるであろう。また, LGBTQ+（lesbian, gay, bisexual, transgender, queer or sometimes questioning, and others）や SOGI（Sexual Orientation and Gender Identity：性的指向・性自認）等の多様性（diversity）にかかわる議論も活発である。
交差性 Intersectionality	性別，ジェンダー，障害，人種，民族，宗教，使用言語，社会階層等の複数の組み合わせによって生じる不利,不平等,差別,抑圧,周縁化(marginalisation)等を論じるときにしばしば用いられる。女性と障害の関係性については，たとえばアーシャ・ハンズ（2021）を参照のこと。また，マイノリティの複合と相克という視点もある（白石他，2021）。
インクルーシブ開発 Inclusive development	すべての人びとを包摂する開発のことである。障害分野では，障害インクルーシブ開発（disability-inclusive development）という用語も用いられることが多い。
ツイン・トラック・アプローチ Twin-track approach	インクルージョンとエンパワメントの両輪で進めるアプローチである。JICAの「障害と開発」分野の主要なアプローチでもある。

参加型開発 Participatory development	住民等が参加して行われる開発のアプローチである。先進国の一方的な押し付けの援助や「慈善」への反省から，1980年代頃より国際的に推奨されてきた。具体的な手法として，「参加型農村調査手法」（Participatory rural appraisal），さらに参加型学習行動法（Participatory learning and action：PLA）等が提案され，発展してきている。第10章も参照のこと。

国際開発ソーシャルワーク実践の分析視点の例

　国際開発ソーシャルワークの実践現場では，自己を含む関与者の体験や価値観はもちろんのこと，さまざまな状況を多角的に捉える視点が必要である。現場での実践を多角的・俯瞰的に捉えるために，保健政策の分析に用いられる**政策分析トライアングル**（policy analysis triangle）の枠組み（Buse et al., 2012; Walt & Gilson, 1994）を援用した一つの視点を紹介する。

　図３に示すように，国際開発ソーシャルワークの現場実践を俯瞰するための主要な要素として，アクター（actor）が中心にいて，内容（content），文脈（context），過程（process）がかかわる。

- 「**アクター**」：国際開発ソーシャルワーク実践にかかわる人びとや組織であり，当事者，家族，専門職，政策立案者，住民やボランティア，国内外の公的あるいは民間の機関（例：世界保健機関等の国連機関や国際機関，他国の政府開発援助実施機関，国内外のNGO，民間企業，国際ソーシャルワーク関連団体）が含まれる。その関係性については第５章でも述べる。
- 「**文脈**」：国際開発ソーシャルワーク実践を取り巻く地域社会，経済，文化，宗教，政治の諸側面が含まれる。現場で目に見える草の根レベルの事象から，国際的な枠組みや規範，社会的構造等まで，さまざまな要素がある。第１章も参照のこと。

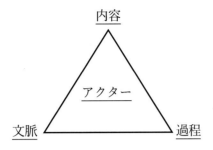

図 3．政策分析トライアングルの視点から見た実践の要素
注：Walt & Gilson（1994: 354）を一部改変。

- **「内容」**：国際開発ソーシャルワークの活動内容である。古典的にはケースワーク，グループワーク，コミュニティワーク，ソーシャルアドミニストレーション，ソーシャルアクション等のような整理（あるいは，ミクロ，メゾ，マクロの実践レベル）が一例としてありうるが，必ずしもそれらに限られるものではない。たとえば，社会開発的な実践や社会運動，文化や宗教，スピリチュアリティに根ざした取り組みが含まれる。
- **「過程」**：個々の国際開発ソーシャルワークの実践過程が想定される。ただし，外部から入った実践家の視点から見た過程だけではなく，政策や，現地のアクターの営みと活動の歴史，過程，視点，それらの相互作用を捉えることも重要である。

　ここでは，国際開発ソーシャルワークの現場実践を想定しながら，もう少し具体的に考えてみる。
　「アクター」とは，つまるところ，**「誰の」**，**「誰による（誰とともに）」**，**「誰のための」**実践かについて問うことにかかわる。国際開発ソーシャルワークの主な**対象**や**共同者**となるのは，秋元（2020）にならえば，世界のすべての人びとということになる。その中でもとくに周辺化され，社会の中で取り残されている当事者が含まれることは当然のことである。他方，グリーン・ソーシャルワーク（Dominelli, 2018）

における広義の環境や，後述の仏教ソーシャルワーク（Anuradha,
2020）における生きとし生けるもの等のように，直接的な対象は必ず
しも人間に限定されないのかもしれない。

　また，「外」から入る実践家の**ポジション**や所属としては，国際ソー
シャルワーカー連盟（IFSW），国際ソーシャルワーク学校連盟
（IASSW），国際社会福祉協議会（ICSW）のような国際的な組織から，
各国の政府開発援助（ODA）実施機関，非政府組織（NGO），フリー
ランス等さまざまであろう。ただし，これまでも国際ソーシャルワー
クの議論において批判されてきたように，「先進国」から「開発途上
国」への一方的な（unidrectional）関与が前提とされるべきではない
（Hugman, 2022）。双方国の「**互恵的な交流**」（Midgley, 2010a）あるい
は，立場性を越えた共同実践をどのように進めるかが常に問われる。

　「**文脈**」には多様な側面が含まれる。実践の理論や概念の背景，各
国・地域別の状況，課題別で考えることが典型的である。理論や概念
の背景については，グローバリゼーションやそれがもたらす社会問題
をどのように捉えるか（Healy & Thomas, 2021），（国際開発）ソーシ
ャルワークの言説をどのようにとらえるかを問う必要もある（東田，
2022）。

　各国・地域別の状況については，ヨーロッパ地域，アジア太平洋地
域，アフリカ地域，北米地域，ラテンアメリカ・カリブ地域のソーシ
ャルワークというように，それぞれの国や地域における社会問題，社
会保障・社会福祉制度，ソーシャルワークが述べられることがある。
一例として，北米地域における移民・難民へのソーシャルワーク，ア
フリカ地域における開発的ソーシャルワーク，ヨーロッパ地域におけ
る社会政策や移民の高齢化を背景としたソーシャルワークがある（小
原他，2022）。

　課題別に述べられることもある。たとえば，国際ソーシャルワーク
においては，貧困と開発，紛争と復興，移住や移民労働者，強制移住
者や難民を挙げる研究者がいる（Cox et al., 2006）。また，先住民，貧

困，女性とジェンダー，教育，医療，高齢者，防災の各分野における
国際ソーシャルワーク実践を取り上げる研究者もいる（小原他, 2022）。

　「**内容**」については，「何をなすか」と言い換えることもできる。例
として，ソーシャルワークや国際開発におけるさまざまな手法がある
（たとえば，10章で述べる参加型開発手法）。しかし，次節で述べるよ
うに，国際開発ソーシャルワークの実践家としては，どのような「**過
程**」を経るかも重要である。

国際開発ソーシャルワークにおける共同実践の探求

　国際開発ソーシャルワーク実践においては，多様な関与者がかかわ
るフィールドで，実践の内容だけではなく，その現地の文脈や実践過
程を多角的な視点で，かつ**省察的**（reflective）に捉えていくことが求
められる。本書の第3章から第6章では，この枠組みを考慮に入れな
がら，国際開発ソーシャルワークに関連するいくつかの理論やアプロ
ーチについて述べる。簡潔にいうと，**アクターの一人である**国際開発
ソーシャルワークの実践家には，当事者のニーズや社会課題の把握は
もちろんのこと，文脈，過程，自己の**ポジショナリティ**に対する洞察
を含む，多角的な視点が求められる。つまり，現地の当事者やソーシ
ャルワーカー等のアクターから見た視点や価値，現地の社会や文化に
ある文脈や歴史的背景，実践過程を**俯瞰的に捉える**ことに加え，現場
で**共同的に実践活動**を行うことや，現地生活に溶け込み取り組むこと
が想定される。別の言い方をすれば，自国では自明の（あたりまえの）
実践視点のみに固執したり，それを現地の人びとに押し付けたりする
ことではない。そのような多角的な視点を持っても，現実的には，ど
のような実践経験になるかはさまざまである（第7章参照）。それで
も，多角的な視点を持つことで，どのような実践にかかわる場合にお
いても，多様な背景やポジショナリティをもつ人びととの**対話**から始
められるのではなかろうか。

Exercise 2 国や地域の社会福祉課題に注目してみる！

　興味のある国や地域を選んでください。そして，その国・地域にある社会福祉にかかわる課題や問題を探ってみましょう。検討するときに，以下のことを参考にするとともに，政策分析トライアングルの枠組みを用いて考えてみましょう。

• なぜその国・地域とその社会福祉課題に関心がありますか。

• その国・地域の社会福祉課題の詳細を調べてみましょう。関連する情報を探索するには，書籍（たとえば，旬報社の『世界の社会福祉年鑑』シリーズや『新　世界の社会福祉』）が有用です。また，インターネットで公的情報，論文，報告書，その他の情報を検索することができます。検索の際，その情報が信頼できるものかどうかや，どのような人や組織によって記載されたか，についても注意してみましょう。

• 調べてみた社会福祉課題は，世界規模の課題や，世界の現象とどのようにかかわっているかについて考えてみましょう。

• 短いレポートとしてまとめてみましょう。その際，いわゆるコピペによる剽窃が無いことや出典を明記することを忘れないようにしましょう。

第Ⅱ部　実践の視点とアプローチ

第 3 章
開発的ソーシャルワークとケイパビリティ[25]

　第 3 章から第 6 章では，国際開発ソーシャルワークの実践家や関与者にとって有用な視点を紹介する。本章では，社会開発と国際ソーシャルワークとの間を理論的および実践的につなぎうる開発的ソーシャルワーク（developmental social work）について紹介する。とくに，開発的ソーシャルワークの歴史的背景，定義，主要概念を概説する。また，その理論と実践の中で特徴的である社会的投資についても触れる。

歴史的背景

　開発的ソーシャルワークは**世界規模 (globally)** かつ**地域的 (locally)** に台頭してきた。そのルーツは伝統的なソーシャルワーク，**社会開発**に関する理論，**南半球での開発実践**にある（Estes, 1998；Midgley, 1995, 2010b, 2013；Patel & Hochfeld, 2013）。1970 年代以降，ソーシャルワーカーや国際社会開発コンソーシアムを含む関与者が，社会開発と開発的ソーシャルワークの視点と概念を発展させてきた（Midgley, 1978, 1995, 2010b）。とくに，アフリカのソーシャルワークや社会開発関連

25）本章は，以下の拙著から一部を抜粋し，書き直し，翻訳したものである。掲載の許諾をいただいた「Disability, CBR & Inclusive Development」誌および日本国際保健医療学会に感謝申し上げる。1) Higashida, M. (2018). Developmental social work for promoting the socioeconomic participation of persons with disabilities : An application of the capability approach. Disability, CBR & Inclusive Development, 29(2), 94-117. 2) Higashida, M. (2017). Integration of developmental social work with community-based rehabilitation : implications for professional practice. Kokusai Hoken Iryo (Journal of International Health), 32(4), 271-279.

の研究者と実践者がその理論と実践の革新と発展に大きく貢献してき
た（Gray, 2006；Hochfeld et al., 2009；Lombard, 2008；Midgley, 2010b；
Patel & Hochfeld, 2013）。その中でも南アフリカ共和国において開発
的ソーシャルワークが発展した背景の一つは，人種隔離政策のアパル
トヘイトが1994年に撤廃されたのち，1997年に社会福祉白書が発刊さ
れたことである（Midgley, 2010b；Patel & Hochfeld, 2013）。

　アジアにおいても開発的ソーシャルワークが注目されつつある。「開
発的ソーシャルワーク」という用語や狭義のその理論を必ずしも使わ
ずとも，アジアの文脈におけるソーシャルワークと社会開発の必要性
が示されている（Kwok, 2008；Nikku & Pulla, 2014；Tiong, 2006,
2012）。ソーシャルワーク専門職のグローバル定義やグローバル・アジ
ェンダ（第1章参照）のような国際的な枠組みや規範でも触れられて
いるように，地域社会の多様性や固有性は，アジア地域の重要な文脈
の要素の一つである（International Social Work, 2014；Kwok, 2008；
Tiong, 2006）。たとえば，アジアでは貧困問題への取り組みをはじめ
として，社会経済的な開発とソーシャルワークのあり方がしばしば議
論される（Cox et al., 1997）。

定義と概略

　理論と実践の一直線ではない発展過程，それらにかかわる複合的な
要因，そして「ソーシャルワーク専門職を形成する関心の多様性」
（Midgley, 2010b：13）のために，開発的ソーシャルワークには一貫し
た定義は見受けられない（Lombard, 2008；Midgley, 1978, 2010b；Patel
& Hochfeld, 2013）。開発的ソーシャルワークに関連する単語でさえ用
いられ方はさまざまで，「社会開発とソーシャルワーク」，「開発視点
（アプローチ）」，「社会開発モデル」等と互換的に使われることがある。
また，国際ソーシャルワークの枠組みで議論されることもある（Estes,
1998；Hugman et al., 2010）。それでも，いくつかの試みはあり，たと

えば，次のような定義ともいえる説明がある（Patel, 2005）。

> 社会開発の知識，技能，価値観をソーシャルワークのプロセスに
> 実践的かつ適切に応用し，社会の文脈の中で個人，家族，グルー
> プ，組織，コミュニティの幸福を向上させる。[26]

　この定義が示唆することの一つは，**ミクロからマクロの実践レベル
の統合**である。さらに，ソーシャルワークへ応用する「社会開発」
（social development）の視点が重要である。**ジェームス・ミッジリィ**
（Midgley, 2013: 13）は，社会開発の定義を「ダイナミックで多面的な
開発過程の文脈において，すべての人びとの幸福を促進するように設
計された計画的な社会変革の過程」[27] としている。ここでは，特定の人
びとだけではなく，すべての人を対象として捉えていることが重要な
ポイントである。また，その概念やアプローチについては，歴史的に
は，**ベーシックニーズ・アプローチ**（the basic needs approach），**社会
開発**（social development），**持続可能な開発**（sustainable development）
等への発展過程の中で捉えることもできる（Healy & Thomas, 2021）。
　開発的ソーシャルワークの実際のアプローチは，心理社会的アプロ
ーチ（Elliott & Mayadas, 2001）から社会経済的平等を強調するグロ
ーバル・アジェンダに至るまで広範であるが，現代のソーシャルワー
クにおいて国際的に醸成されてきた基本的な価値や原則（e.g., IFSW,
2016）を共有している。つまり，**ストレングス視点，人中心（person-
centred），権利・人権，エンパワメント**をはじめとする現代のソー

---

26) 'practical and appropriate application of social development knowledge, skills and
　　values to social work processes to enhance the well-being of individuals, families,
　　households, groups, organizations and communities in their social context'(Patel,
　　2005).
27) 'a process of planned social change designed to promote the well-being of the
　　population as a whole within the context of a dynamic multifaceted development
　　process'(Midgley, 2013: 13).

シャルワークの実践的な価値を共有するとともに，社会変革のような**ソーシャル・アクション**も強調する（Desai, 2013）。

　他のソーシャルワークのアプローチとは異なる開発的ソーシャルワークの特徴の一つは，社会的に排除された人びとの人権を守り社会経済的平等を促進するために，社会経済的発展と社会的投資に焦点を当てていることである。**社会的投資**（social investment）には，「人的・社会的資本を動員し，雇用と自営業を促進し，資産蓄積を促し，その他の方法を用いることで，個人，家族，コミュニティの物質的な福祉に著しい改善をもたらす」[28]ことが含まれる（Midgley, 2010b : 15）。社会的投資は，将来の社会的幸福を促進するような社会的プログラムでもある（Midgley, 2017a）。多くの国々で貧困と困窮が不十分な教育や健康との悪循環を生む結果となっており，社会経済的に不利な人びとにとって社会的投資は重要である。

ケイパビリティ・アプローチとの統合

　開発的ソーシャルワークは，人権と社会正義の原則に基づき，個人，家庭，地域社会，政策の各レベルで貧困と社会経済的不平等に取り組む，包括的で実践的なソーシャルワークのアプローチである（Elliott & Mayadas, 2001 ; Midgley, 2010b ; Knapp & Midgley, 2010）。開発的ソーシャルワークは，複数のアプローチとスキル，つまり社会的投資，住民の組織化，能力開発，ミクロおよびマクロの活動の統合等によって実践される（Midgley, 2010b ; Van Breda, 2015）。ここでは，そのような開発的ソーシャルワークを理論的に補強する**ケイパビリティ・アプローチ**についても概観する。

---

28) 'mobilize human and social capital, facilitate employment and self-employment, promote asset accumulation, and in other ways bring about significant improvements in the material welfare of individuals, families, and communities' (Midgley, 2010b : 15).

インド出身でノーベル経済学賞受賞者の**アマルティア・セン**の理論
（Sen, 1992, 1999, 2005）に基づくケイパビリティ・アプローチは，ヘ
ルスケア研究（e.g., Mitchell et al., 2017）や障害分野（e.g., Terzi, 2005；
Mitra, 2006, 2017；Saleeby, 2007；Trani et al., 2011）等の多くの分野
で応用されてきた。

　開発的ソーシャルワークを含むソーシャルワークと社会福祉へのケ
イパビリティ・アプローチの適用も議論されてきた（Saleeby, 2007；
Braber, 2013；Veal et al, 2016）。たとえば，ミッジリィ（Midgley, 2017a）
は，支援の受け手を固定的に捉え福祉受給者に資源をただ分配するの
ではなく，人間のケイパビリティに投資する新しい政策やプログラム
の必要性を主張する。しかし，開発的ソーシャルワークとケイパビリ
ティ・アプローチの関係は，文献では詳細に論じられていないように
見受けられる。開発的ソーシャルワークとケイパビリティ・アプロー
チの両方が貧困と不平等に取り組むにもかかわらず，それぞれが異な
る焦点を持っているからとみられる。開発的なソーシャルワークは，
人びととコミュニティのための物質的な幸福の改善に焦点を当てる傾
向がある（Midgley, 2010b）が，ケイパビリティ・アプローチは，人
の幸福につながる潜在的な機会と達成される機能に焦点を当てる傾向
がある（Robeyns, 2005）。両者を統合することにより，実践的な視点
を相互に補完できる。

　ケイパビリティ・アプローチの主要な概念には，機能（functionings），
財・資源，変換要因（conversion factors），選択（choice），エージェ
ンシー（agency），人間の多様性がある（図 4）。ここでは主要な要素
の意味を示す。

　機能は人が行うことやその人のある状態を価値づけうるさまざまな
もの（'the various things a person may value doing and being'）で
あり，**ケイパビリティ（セット）**はさまざまな機能の組み合わせを実
現するための実質的な自由（'the substantive freedom to achieve
alternative functioning combinations'）で「実質的な機会」とされる

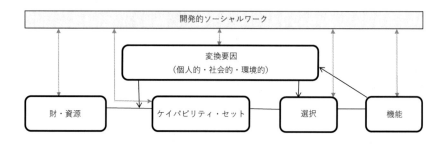

図4. ケイパビリティ・アプローチを用いた開発的ソーシャルワーク
注：Robeyns（2005）と Trani et al.（2011）を参照（Higashida, 2018：109）。

（Sen, 1999：75）。このままでは難解であるが，要は，機能を何らかの
状態や活動，ケイパビリティを選択することができる可能性や機会の
幅，とみなすことができる（伊芸，2016）。つまり，人びとの幸福や生
活の質において，お金のような財を持っているかではなく，人びとが
何を選択できるかという機会や自由の幅が問われる（久野・中西，
2004；アマルティア・セン，1988）。

　変換要因は鍵となる概念である。人はサービス，商品，情報等の資
源や財へのアクセスを持っていても，ケイパビリティや機能として生
かせるかどうかは変換要因の影響を受ける（Robeyns, 2005；Mitra,
2006, 2017；Kuno, 2012）。変換要因には個人的な変換要因（心理的・
身体的特性等），社会的な変換要因（政策や社会文化的規範等），環境
的な変換要因（地理的特徴やインフラ等）がある（Robeyns, 2005；伊
芸，2016）。

　人の**選択**と**価値観**は，人間の多様性と自由を反映するものであり，
その人の幸福につながる機能を達成するための基本である（Sen, 1992,
1999）。選択は，その人の好みを含む多様な変換要因の影響を受ける。
資源や財が利用できる場合でも，その人の価値観に基づくケイパビリ
ティと選択の両方が，個人的要因，社会的要因，および環境的要因に
よって変わりうる（Robeyns, 2005）。

エージェンシーの概念も重要である。エージェンシーである人とは，「行動して変化をもたらす人であり，その人にとっての達成は自分自身の価値観や目標の観点から判断されうる」[29]，と表現される（Sen, 1999: 19）。つまり，エージェンシーの観点から，客観的な幸福と選択を区別することが可能である。狭義の（あるいは他者から見た）幸福とは異なり，人は他者のために行動を起こすことさえもある。

選択とエージェンシーの概念は，開発的ソーシャルワークにおいて重要な意味を持つ。ソーシャルワーカーは要支援者の自己決定を促進し，必要に応じて意思決定を支援する。同時に，ソーシャルワーカーと要支援者との関係においてパターナリスティックな介入がないか等について，実践過程における省察が必要となろう。また，エージェンシーの概念は，要支援者の選択と人権の重要性を強調する。要支援者は，政治的参加，アドボカシー，社会活動を通じて人権やエンパワメントを推進する中で，権力性等をめぐって，ソーシャルワーカーに対して批判的でさえあるかもしれない（Oliver & Barnes, 1998；Knapp & Midgley, 2010）。このことは，ソーシャルワーカーが難しい**ジレンマ**に直面しうることを示唆する。ソーシャルワーカーは，対話を通じて，人びとと納得のいく実践のあり方を探求する必要があろう。

以上の概念について具体例を示しておく。セン（1992: 111-112）の飢餓に関する事例を参考に，上記の概念を用いて障害者の社会参加について説明する（伊芸，2016；久野・中西，2004も参照のこと）。障害のある女性が定期的に社会経済活動に参加（「機能」）していなくても，そのような参加可能な機会があるかどうか（「ケイパビリティ」）が重要となる。利用可能な財や資源（サービス，支援機器，交通費収入等）が参加機会（「ケイパビリティ」）と達成された参加（「機能」）につながるかどうかは，個人的要因（たとえば，性別，年齢，機能障害），社会的要因（たとえば，偏見，差別，情報へのアクセス），環境的要因

---

29) 'as someone who acts and brings about change, and whose achievements can be judged in terms of her own values and objectives' (Sen, 1999: 19).

（たとえば，山間部や僻地，都市部）等の変換要因によって変わってくる。したがって，障害者が利用可能な機会（「ケイパビリティ」）がないために参加（「機能」）を実現できない場合と，そのような機会があるにもかかわらず，自らの意志と選択で参加しない場合とでは，まったく意味が異なる。ただし，障害者やその支援者は地域社会への参加をあきらめてしまい，制限された状況を受け入れるだけになってしまっているおそれもあるため，その人の選択の背景を十分に理解することが必要である（伊芸，2016）。そして，ソーシャルワーカーとしては，人びとの選択の可能性や機会を広げるという視点をもつことが求められる。

　図4に，開発的ソーシャルワークのミクロ，メゾ，マクロの実践を統合する概念的枠組みも示した。5つの四角は主要な構成要素を示す。つまり，財・資源，変換要因，ケイパビリティのまとまり（セット），選択，達成された機能，である。開発的ソーシャルワークにかかる矢印は実践のエントリー・ポイントを示すとともに，双方向の関係，すなわち，実践の影響とそれへのフィードバックを示す。開発的ソーシャルケースワークは個別支援の過程（契約・受理，アセスメント，計画，実施，評価，終了等）で説明されることもあるが（Van Breda, 2015），本書では個人や地域の文脈やミクロ・マクロのダイナミックな実践に対応できるように，複数のエントリー・ポイントと非直線的なプロセスを示した。ケイパビリティ・アプローチを応用した開発的ソーシャルワーク実践の事例については，第8章も参照されたい。

第4章
インディジナス・ソーシャルワークと多様な知

　本章では，ローカルな文脈における実践家や人びとの視点を意識したアプローチを紹介する。ソーシャルワークに関する国際的な実践や研究を通じて，近年，台頭してきたものにインディジナス・ソーシャルワークやポストコロニアル・ソーシャルワークがある。いわゆる先住民や南半球の声と主張の一端ともいうべきものであり，本書でも重視している視点である。

用語[30]

　先述のとおり，'indigenous' については「**地域・民族固有の**」等の訳はあるが，実際にはさまざまな見解がある（Akimoto, 2017；石川，2018）。本書では便宜的に，知については定訳（グローバル定義等）にならい「地域・民族固有の知」，実践については「インディジナス・ソーシャルワーク」と表記する。

　また，'indigenous knowledges' については，狭義には**原住民・先住民**に固有の知を示す場合が多い。本書では，支配的な知との対比の意味を込めて，各国・地域の人びとにおいて共有されてきた伝統的で実践的な知を含みうるものとして，より広義に用いることにする（松尾，2020）。言い換えると，**世界各地に根ざして生み出されたとみなされ，伝統的に受け継がれてきた集合的な知恵や知見，知識等の総体**[31]，

---

30) 本節の記述の一部は拙著論稿（東田，2022）より転載・参照した。
31) この場合，実質的には local and indigenous knowledges という表現の方が適してい

としてとらえておく（東田，2021b；三島，2017）。地域・民族固有の知は自然や環境に関する知識から伝統的な物語に至るまで広範である（三島，2016）。

それと比較されうるものとして**外来知**がある。ここでは，外来知を，ある地域や枠組みの境界（典型的には国境）を越えて入ってきた知識や知見等の総体，とする。

また，特定の方向性を問わず，境界を越える知を意味する場合には，**越境する知**を用いる。栗原他（2000）は「知の越境とは，学問分野の越境であるだけでなく，（中略）国と国との境界の越境であり，階級，人種，性，世代の境界の越境であり，（中略）言語と権力が作動するあらゆる境界の越境を意味」（p.i）すると述べている。ただし，グローバリゼーションの中で，純粋な地域・民族固有の知や外来知は存在するのか，あるいはそれらは社会的に構築されたものに過ぎないか，といった問いは重要である（東田，2022）。

背景

「ソーシャルワーク」は普遍的なものであろうか，またそうあるべきであろうか。過去のソーシャルワークの理論の発展過程において，さまざまなアプローチが開発されてきたが，果たして唯一の「正しい」方向に向かってきたのだろうか。多元的で多様な，変わりゆく世界において，絶対的な国際開発ソーシャルワークのあり方を追求することは妥当なのだろうか。そのような問いに対する，一つの重要な視点と実践をもたらすものとして，インディジナス・ソーシャルワークについて考えてみたい。

第2章で19世紀以降の欧米でのソーシャルワークの萌芽に触れた。

るかもしれない（Higashida, 2021）。また，そもそも，indigenous knowledges をどのように訳すべきか，あるいは何を意味するかは，本概念の根本にかかわる重要な問いである（Akimoto et al., 2020）。

そこに源流がある西洋生まれ専門職ソーシャルワーク（western-rooted professional social work）は日本や世界各国のソーシャルワーカーに多大な影響を与えてきた（Akimoto, 2017）。日本では，実質的には米国を主軸とする連合国軍最高司令官総司令部（GHQ）の介入により，社会保障制度やソーシャルワークの改革が行われたが，単に一方的に介入されたというよりは，日本の関与者による取捨選択や相互作用があったようである（井上，2022）。いずれにせよ，現代の日本においても，社会福祉士の教科書を開けば，ソーシャルケースワークの母とされるメアリー・リッチモンドの功績や，フェリックス・バイステックの 7 原則（個別化，意図的な感情表出，統制された情緒関与，受容，非審判的態度，自己決定，秘密保持）を容易に見つけることができる。日本における独自のソーシャルワーク実践や社会福祉理論の歴史的発展[32]もあるが，ソーシャルワーク教育においては，西洋生まれ専門職ソーシャルワークの理論と技術に大きく依存してきた。[33] それが良かったのかどうかについて問いたいのではなく，少なくともそのような歴史と現状があるという認識である。

　他方，アフリカ，中南米，アジア等に位置する開発途上国や新興国，あるいはグローバル・サウスにおいて，西洋生まれ専門職ソーシャルワークの普及あるいは覇権や権威主義への懐疑が広まってきている。新自由主義とグローバリゼーションが席巻する世界の中で，**脱植民地化**（decolonisation）や**ポストコロニアリズム**（post-colonialism）の視点から**異議申し立て**が行われている。次の言葉が象徴的である（Gray et al., 2010a：4）。

32）たとえば，岡村（1983）や坪上・谷中（1995）の貢献があろう。また，三島（2017）が例示するように，さらに歴史的に遡れば，大阪の方面委員制度における事例等を挙げることができる。現代の日本においては，アイヌ民族のコミュニティとの協働実践についての報告もみられる（Viktor, 2019）。

33）筆者の個人的な感覚に過ぎないが，社会福祉士や精神保健福祉士の養成カリキュラムで使用される教科書において，とくにソーシャルワークの理論や技法，アプローチに関して，日本語由来ではない外来語やカタカナ用語が多い印象がある。社会福祉における外来語に関しては北村・池添（2008）を参照のこと。

ソーシャルワークの国際的な言説において，英語の優位性，正式な学術的訓練の厳格な期待，主流の欧米の専門知識，そして，自身の考えを世界中に移動して運ぶことを可能にした西洋の学者の経済的特権が，多様な文脈における西洋のソーシャルワークの価値，理論，概念，方法の主流化に貢献した。[34]

視点

インディジナス・ソーシャルワークは，「先住民（Indigenous peoples）のための（for），その人びととの（with），その人びとによる（by），文化的に適したソーシャルワーク」（Gray et al., 2010a：8）[35]といえる。インディジナス・ソーシャルワークが北米やオーストラリアにおける先住民との実践等とともに示されることがあってか，アフリカ等ではポストコロニアル・ソーシャルワークという実践概念により議論されることがある（Kleibl et al., 2019）。いずれにしろ，両者は，ソーシャルワークの脱植民地化（decolonising social work）を基礎に据えていること等，密接に関係しており，それぞれの国や地域における実践知と価値，技術を見いだそうとしている。

インディジナス・ソーシャルワークに関して，次のようなテーマも提起された（Gray et al., 2010a：7-10）。

- 非西洋の文脈における西洋型ソーシャルワークの適切さは疑わしい。土着化（indigenisation）とインディジナス・ソーシャル

34) 'In social work's international discourse, the supremacy of the English language, the rigid expectation of formal academic training, dominant North American and European expertise, and the privilege of Western academics allowing them to travel and transport their ideas across the world, contributed to the dominance of Western Social work value, theories, concepts, and methods in diverse contexts.' (Gray et al., 2010a：4)

35) 'culturally relevant social work for, with, and by Indigenous Peoples'. (Gray et al., 2010a；8)

ワークの 2 つの言説は，ソーシャルワークを多様な文化的文脈
に合わせて適したものにすることについて，いくつかの共通の
意図を持つ。
- 「土着化」とインディジナス・ソーシャルワークは異なる言説で
ある。
- 並立する言説が存在するが，ほとんどのソーシャルワーカーが
それらに気づいていないか，それらを関係づけていないか，そ
の関係を見ていない。
- 文化はソーシャルワークの中心にある。
- 「土着化」とインディジナス・ソーシャルワークは非常に政治的
なものである。

　上記のように，'indigenous' と似た言葉に 'indigenisation' がある
が，意味は異なりうる。とくに，西洋生まれ専門職ソーシャルワーク
の現地での**土着化** (indigenisation) について，欧米から他国へ（'West
to the rest'）の押し付け，あるいは覇権の一種の意味が含まれている
場合には，まったく異なるものであろう（Noyoo & Kleibl, 2019: 6）。

　…「土着化」(indigenisation) という用語は，「インディジナス」
という言葉の誤用であり，深く攻撃的で時代遅れであるとみなさ
れる。つまり，文化に無関係なソーシャルワークの婉曲表現である。

　国際開発において，開発途上国の文脈に合わせた支援技術の選択を
意味する「**適正技術**」(appropriate technology) についても，その主
体が外部のものであれば，そこには権力関係が働く可能性がある。
　また，外部者の視点から，インディジナス・ソーシャルワークを批
判的に考察する試みもある。学術誌論文ではないが，ある研究者（Lee,
n.d.）は，台湾において非先住民の立場からインディジナス・ソーシャ
ルワークについて考察を試みた。研究者自身の実践経験と文献レビュ

ーを通じて，文化的コンピテンス・モデルと反抑圧的な実践の2つの視点を示した。非先住民ソーシャルワーカーが異文化理解や文化的感受性のみに頼ること等の限界や懸念を指摘しつつ，先住民や当事者の営みと活動への側面的な支援を含む実践と継続的な省察を提案した。

インディジナス・ソーシャルワークはさまざまな実践的な事例とともに記述化されつつある。たとえば，'Indigenous social work around the world'（Gray et al., 2010a）は4部構成で，第1部「時代遅れの概念である土着化」，第2部「インディジナス・ソーシャルワーク：正当な理由」，第3部「文化的に適したソーシャルワーク実践」，第4部「文化的に適したソーシャルワーク教育」である。第3部では，マレーシア，ニュージーランド，トンガ，米国とインド，イスラエルの遊牧民（ベドウィン）のコミュニティ等における実践が示された。第4部では，中国，ボツワナ，オーストラリア，カナダ等におけるソーシャルワーク教育が取り上げられた。そして，インディジナス・ソーシャルワークを理解する前提として，歴史や過程，先住民の喪失（loss）の体験，土地・環境・生計の間にあるつながり，シャーマニズムや自然に対する眼差し，先住民に対する否定的な表象，インディジナス・ソーシャルワークの政治性等を考察することが重要である，と指摘された（Gray et al., 2010b）。

また，'The Routledge handbook of postcolonial social work'（Kleibl et al., 2019）は，第1部「ポストコロニアル・ソーシャルワーク：視点とアプローチ」，第2部「ポストコロニアル・ソーシャルワークと社会運動」，第3部「土着化」，第4部「アフリカの事例研究とイノベーション」から構成される。第1部には，集団的なトラウマとしての植民地化の批判的検討に始まり，ポストコロニアル教育の政治学，脱植民地フェミニスト・アプローチ等の論考が含まれた。その実践視点として，集団的な学習や社会運動が強調された。いずれにおいても，それぞれの国や地域の文脈で，西洋至上主義やその覇権に対して異議を申し立て，脱植民地化の視点から分析し，社会文化に適した実践や教

育を探求している。ただし，同書ではアフリカからの声が中心に述べられており，他地域，つまりアジア太平洋，中近東，南米には異なる歴史や文脈，経験もあるため，注意深く考察することが必要である。

インディジナス・ソーシャルワークの ABC モデル

　アジア国際社会福祉研究所が，後述の仏教ソーシャルワーク研究（および仏教ソーシャルワークの ABC モデル）等から導き出してきたインディジナス・ソーシャルワークの**ABC モデル**（Akimoto et al., 2020）は興味深い。同モデルは，先住民等による西洋生まれ専門職ソーシャルワーク（A モデル），土着化した西洋生まれ専門職ソーシャルワーク（B モデルまたは B-A モデル），西洋化したインディジナス・ソーシャルワーク（B'モデルまたは B-C モデル），インディジナス・ソーシャルワーク（C モデル）の関係性を示した（図 5）。

　このモデルにおけるインディジナス（Indigenous）の意味は広義に解釈された（Akimoto et al., 2020）。たとえば，'indigenous peoples'は狭義では先住民を意味するが，必ずしも西欧諸国による植民地支配や覇権にあった文脈における人びとに限らないことや，少数派（マイノリティ）とは限らないことが明記された。加えて，ある地域や社会において長年に渡ってルーツがある事象を含むことも記された。

　必ずしもインディジナス・ソーシャルワークやポストコロニアル・ソーシャルワークとして語られるものではないが，世界では独自の実践や理論の発展が見受けられる。その代表格に**仏教ソーシャルワーク**を挙げることができる。[36] アジア国際社会福祉研究所がアジア太平洋地域をはじめとする世界中の研究者や実践家とともに仏教ソーシャル

36）淑徳大学アジア国際社会福祉研究所 第5回国際学術フォーラム（2021年2月18〜19日）のテーマは「ソーシャルワークのグローバリゼーションに世界のソーシャルワーク研究者は抗う—脱植民地化・土着化・スピリチュアリティ・仏教ソーシャルワーク」であった。インディジナス・ソーシャルワークとの関連も指摘された（郷堀・染谷，2021）。

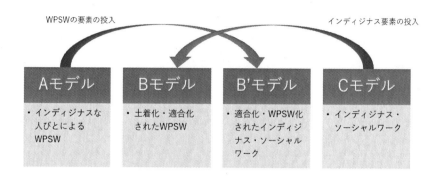

図5．インディジナス・ソーシャルワークの ABC モデル
注：Akimoto et al.（2020：68）を一部改変。
WPSW＝西洋生まれ専門職ソーシャルワーク

ワーク[37] の諸相を探求している（Akimoto, 2017）。先述の ABC モデルでいうと，C モデルを探求する試みともいえる。

　一例として，スリランカにおける仏教ソーシャルワークの知見について触れておく。スリランカでは，西洋生まれ専門職ソーシャルワークが伝わるはるか以前から，実践が行われてきたと主張する（Akimoto, 2020）。つまり，仏教が伝来した時代から，**生きとし生けるものへの実践**として伝承されてきたのである。その書籍の中で，仏教ソーシャルワークは次のように定義された（Anuradha, 2020：140）。[38]

　　仏教ソーシャルワークは心身の苦から人間を解放し，生きとし生けるものを保護し，社会のニーズを調和させ，富を共有し，自然を守る取り組みを行う。

　実際に，実態調査によって，僧侶や尼僧による実践をはじめとして，寺を拠点とした仏教ソーシャルワーク活動が多様に行われていること

37）他の宗教の視点からソーシャルワークを分析した論考もある。イスラム教については松尾（2016）を参照のこと。
38）仏教ソーシャルワークの作業定義については Akimoto（2019）を参照のこと。

が明らかとなった。たとえば，仏教日曜学校，就学前教育施設，青年会，老人会，葬儀組合，倹約・信用奉仕，カウンセリングとヘルスケア，勤労奉仕（労働の分かち合い），アーユルヴェーダ・西洋医学的奉仕，婦人会や妊産婦のヘルスケア，檀家の会，老人ホーム，障害者支援，大人のための教育プログラムが含まれた（Akimoto, 2020；東田，2021a）。

　多宗教・多民族国家の文脈における宗教および民族の**少数派（マイノリティ）や先住民との関係性**，さらには政治との接点等についての議論がより深まる必要はあるものの，仏教ソーシャルワーク研究がインディジナス・ソーシャルワークや国際開発ソーシャルワークの理論等にさまざまな示唆を与えることが期待される（東田，2021a）。

国際開発ソーシャルワークとの関係

　ここまで述べてきたインディジナス・ソーシャルワークやそれに関連する視点は，「外」から入った実践家にとってもさまざまな示唆をもたらす。つまり，インディジナス・ソーシャルワークは，「外」から入った実践家にも求められる視座そのものである。西洋生まれ専門職ソーシャルワークに根ざした国際開発ソーシャルワークや国際ソーシャルワークを唯一のものとしない視点が求められる（秋元，2020）。さらに，実践家にとって，自身の立場と実践，知に対する省察と，先住民を含む現地の人びとの実践や目の前の人びととの関係性への眼差しが重要となる。

　とくに，先進国から開発途上国に派遣される国際開発ソーシャルワークの実践家による活動とその基盤にある知においては，権力性が問題となる。40年以上前に，ミッジリィ（Midgley, 1981, 2010a）が**専門職帝国主義**（professional imperialism）という書籍タイトルをつけて，西欧による開発途上国への押し付けの家父長主義的な介入を批判したことにも通じる。ただし，開発途上国の実践と知をすべて無条件に称

賛するのではなく，多角的で対等な視点が求められることは言うまで
もない（Sewpaul et al., 2021；Werner & Bower, 1982）。

　国や地域等の境界を越えて入った実践家にとって，ポジショナリテ
ィの観点から，インディジナス・ソーシャルワークを自ら行う，とい
うことではなかろう（もちろん，自国内ではその実践を探索する価値
がある）。むしろ，**省察的な視点**を持つこととともに，先住民を含む現
地の人びとや関与者との互恵的な交流（reciprocal international social
work exchange）や，他の地域社会からの洞察やイノベーションと開
発に関する**対話**が道しるべになろう（Midgley, 2010a）。それらについ
ては，国際開発ソーシャルワークの実践家に求められる視点とともに，
次の第5章でも述べる。

Exercise 3　インディジナス・ソーシャルワークから何を学ぶか？

　インディジナス・ソーシャルワークについてどのように考えるか，グ
ループでディスカッションしてみましょう。その際，以下の点につい
ても考えてみましょう。

- インディジナス・ソーシャルワークの視点から何を学ぶことができ
るでしょうか。

- 日本でもインディジナス・ソーシャルワークや地域社会に固有なソ
ーシャルワーク実践といえるものはあるでしょうか。

第5章

国際開発ソーシャルワークにおける
対話と共同実践[39]

　本章では，「外」から入る実践家のポジショナリティを意識して考えてみる。一人ひとりの国際開発ソーシャルワーク実践に役立ちうる視点を探求するにしても，実際には，二国間の開発協力を例にとるとプロジェクトやプログラム等の一員としてかかわることが多いのは事実であろう。政府開発援助の一環として行われる社会福祉領域での人材派遣や技術協力事業等[40] においてはソーシャルワーカーは何らかの組織に所属して実践することが多い。他方，派遣される者は「ソーシャルワーカー」という肩書ではない場合もあり，国際開発ソーシャルワーク実践とみなすかどうかは，各人が意識する職業的アイデンティティによる部分がある（東田，2023；東田他，2023）。筆者自身の例では，JICA海外協力隊・ソーシャルワーカー隊員としてスリランカの地方自治体へ，またJICA専門家としてモンゴルの中央省庁へ配属され，ソーシャルワークとみなせる実践を行った。

　そのようなさまざまな背景のもとで行われるソーシャルワークにお

39）本章は，以下の拙著を改変し書き直したものである。旬報社より本書への使用の許諾をいただいた。この場を借りて感謝申し上げる。東田全央. (2020).「国際開発ソーシャルワークのフロンティアにおける挑戦──二国間の協働実践の文脈における関係性についての考察を中心に」. 岡伸一・原島博編.『新 世界の社会福祉──第12巻国際社会福祉』(pp. 410-426). 旬報社. 同様に下記文献も参照のこと。東田全央. (2020).『もう一つのソーシャルワーク実践──障害分野・災害支援・国際開発のフロンティアから』大阪公立大学共同出版会.

40）国家間や組織間にて社会福祉の協力にかかわる合意文書（たとえば Record of Discussion）を締結するまでの調査や交渉等も，広義の実践の範疇に入るが，本章では実際の活動に焦点化する。

いて，多様な**関与者**（stakeholder）との関係性やポリティクスは実践
のあり方を左右する重要な要素となりうる（第 2 章の政策分析トライ
アングル参照）。本章では，国際開発ソーシャルワークにおいて関与者
間の関係性は**非対称**でありうる一方で，それは静的なものではなく，
動的で**常に変化**していくものであることを述べる。そして，対話やフ
ァシリテーションと共同創造による実践の視点が重要であることを述
べる。

関与者と多様なポジショナリティ

　「外」から入った実践家が置かれる立場やかかわる人びとと組織は状
況によって異なる。マクロレベルでは二国の政府間の関係がある。そ
れは現場レベルでのソーシャルワーク実践に直結しているようには見
えないかもしれないが，たとえば自国の**国益**や国別開発協力方針[41] が
ある。それらは現場実践を枠づけたり，実践に意図せず間接的にかか
わったりすることがある。そのような文脈の中での実践の目的と活動
をどのように考えるか（たとえば，「誰のための活動なのか」，「良い活
動とは何なのか」），という根源的な問いがある（東田・松尾・原島，
2023）。組織レベルでは，受入先機関（**カウンターパート**）と派遣元の
機関との関係性があるとともに，国内外のドナー機関（二国間援助機
関，開発銀行，国連機関等）等の関与者が同じ領域で活動している場
合も多い。プロジェクトのスコープや活動，重複する効果が予測され
る場合にはドナー間の役割分担（いわゆるデマケ）が必要となる。現
場レベルにおいては，現地の同僚や上司，当事者とその家族，その他
の関与者との関係がある。
　このように，自国内のソーシャルワーク実践における関与者よりも

---

41)「開発協力白書」（外務省，2023）も参照のこと。日本政府が提唱した「自由で開か
　れたインド太平洋戦略」（Free and Open Indo-Pacific Strategy）も象徴的である。

多様で複雑でありうる。つまり，自国のソーシャルワーク実践における主体であり協働者にもなる当事者・利用者，その家族，保健福祉等の関係機関だけではなく，自国内外のより多くの関与者との関係が目の前あるいは背景にある。[42]

　立場や役割にもよるが，「外」から入った実践家としては，そもそも当事者・利用者やその家族等の一次的な関与者に直接的に支援するのではなく，現地のワーカー等の関与者への協力を通じた間接的な活動になることが想定される。つまり，現地のワーカーが現地の当事者や利用者を支援したり共同活動したりすることを前提として，「外」から入った実践家が協働者等として取り組むことが考えられる。

　さらに，コミュニティの中においてさえも，多様な背景を持つ人びとがいることを忘れてはならない。そこにある権力構造をとらえる必要性もある。次の記述が参考になる（ワーナー・バウアー，2022：6-11：強調は原文）。

　　コミュニティの中では，**最も貧しく，最も力を持っていない人びとの間でさえ，しばしば分断が起こりえます**。厚遇と引き換えに，権力者の利益を守る人がいます。不正行為や盗みをして生き延びる人がいます。静かに運命を受け入れる人がいます。また，脅されているときには，自分たちの権利を守るために他の人たちと協働する人もいます。喧嘩をしたり，確執があったり，口をきくのを拒否したりする家族もいれば，何年もの間，互いに助け合い，協力し合い，必要な時には分かち合う家族もいます。多くの家族は，これらのことを同時に行っています。

42）日本の被災地の緊急災害支援でも，国内外から援助団体やドナー機関があふれるように入っていたため，類似する状況があった。

非対称な関係の中にある実践

　「外」から入った実践家は**情熱**やある種の使命感，あるいは何らかの好奇心を持って，現地に入る場合が多いのではなかろうか。また，海外に派遣されたソーシャルワーカーは，**現地の文化や習慣**を尊重しつつ，人びととの「対等」な関係や**パートナーシップ**づくりのあり方を探求するだろう。しかし，現実問題として，現地の多様な関与者との**非対称的な関係性**[43] に直面することがある。これは，実践家の組織的な位置づけや役割によって一概にはいえないものの，政府間で合意されたようなプロジェクトだけではなく，NGO ワーカーによる実践等の中でも散見される（和田・中田，2010）。以下，国際開発ソーシャルワークの実践家の位置づけ，各関与者からの期待，その他の差異等，非対称な関係性を表徴するものについて述べる。

　現地では，所属組織や現地受入機関の一員としてだけではなく，一住民（あるいは外国人）として等の多様な位置づけがある。筆者自身はスリランカの農村部において，日本人や外国人が少ない環境下で，現地の人びとからは日本国を表象する者として見られ，注目の的になるというような体験をしたこともある。

　二国間の開発協力において，「外」から入った実践家はホスト国（受入国）の自立発展や主体性の向上を促進するという視点を持って実践する場合であっても，派遣元である所属先からの期待や評価がある。合意内容や立場等により程度の差はあるが，たとえば，実践活動の成果やそのアピールを期待されることがある。[44]

---

43) 社会福祉実践における利用者と援助者における非対称な関係性に関する検討は児島（2015）を参照のこと。

44) たとえば，JICA 海外協力隊の場合は，具体的な成果を強く求められるものではないが，報告書には成果を示すことになっており，また JICA から注目される活動は広報に活用される場合がある。JICA 専門家の場合は，政府間で合意する目標や成果を達成することが求められる。NGO においては，ドナーへ成果や教訓，提言や提案（次のフェーズの計画案）等を報告することが期待されるであろう。

　政府開発援助は日本国の税金によって賄われているという理屈があり，またNGO等においては寄付者や助成団体への説明責任が問われるという背景がある。結果として，プロジェクトや国際開発ソーシャルワークの実践が，現地にとって「良い」活動であるか否かだけではなく，見栄えの良い活動が注目され，強化されるということも起こりうる。他方，海外からの支援という立場をあえて積極的に活用し，現地で啓発活動等を効果的・戦略的に行うこともある。[45]

　現地の人びとからの**期待**もある。最も象徴的なものは，**経済的な援助**への期待である。先進国からやってきたソーシャルワーカーに会うだけで「何か（たとえば金銭，物品，ビザ手続き等）もらえるのではないか」と期待されることさえある。第1章冒頭のようなエピソードはよくある例ともいえる。現地の人びとが本気で懇願してくるというよりは，珍しい外国人との日常会話の中で，「あわよくば」という希望程度のものを言われるだけの場合も多いが，関与者間における予算交渉ではシビアな問題になることもある。また，「外」から入った実践家やプロジェクトが持つリソースや技術等への期待がある。先進国の最新の技術や知見を導入したいという声や，国際基準を学びたいという声を聴くことがある。本気で現地の課題を解決するために必要と考えている人もいれば，国際的なものが優れているはずだと信じている人もおり，人びとの意識や関心度の違いにより，その意味は異なる。つまり，二国間の関与者により公式に確認されたニーズや要望だけではなく，社会経済的な格差等のある「外」からやってきた実践家に対する現場からの**予期せぬ期待や眼差し**に対して，どのように応えるかを問われることがある。

　現地関与者との非対称な関係性にかかわる要素として，**文化や宗教等の違い**がある。国によっては，仏教，ヒンドゥ教，イスラム教，キリスト教等の宗教間の関係性も日常生活においてさえ顕在化すること

45）たとえば，テレビ，インターネット，新聞等のメディアを通じて，プロジェクト関係者と共同して活動を紹介しながら広く啓発を図る取り組みを行うことがある。

がある。また，ある地域社会において宗教的な生活と営みがあたりまえである場合，「外」から入った実践家にとってはそれらの事象が新鮮に見えたり，体験をともにして学んだり，ときにはカルチャーショックを受けたりすることさえあるかもしれない。いずれにしても，文化や宗教が人びとの生活に深く根差しているとすれば，それらは実践家の立場がどうであれ，実践の大前提となるだろう（Gray et al., 2010a）。

　さらに，**時間感覚の差異**がある。国際開発において人材派遣やプロジェクトの期間は，その性質上，1回あたり数年未満であることが多い。しかし，現地の人びとにとっては日常の生活や活動は継続していくものであり，時間枠がある「外」から入った実践家とは感覚が異なるのは当然である。プロジェクト完了後や派遣終了後の現地での持続可能性が問われたり，派遣終了前には追い込みで事を急いだりすることもあるかもしれないが，時間枠組みに伴う差異にも敏感である必要がある。

　以上のような非対称な関係性とそれに関連する諸要因や構造は，国際開発ソーシャルワークの実践家が活動を進める上で抱える**ジレンマ**や**悩み**につながりうる。たとえば，「外」から入った実践家は，「現地」の人びとの役に立ちたいと想いながらも，**「これで良いのだろうか」**というような葛藤ともいえる感情を持つことがある。とはいえ，活動開始当初に非対称な関係であったとしても，それは静的なものではなく，実践過程の中で変化していくものでもある。たとえば，現地で人びととの活動を通じて信頼関係を醸成し，活動する集団の「一員になっていく」というような体験がある。筆者も，現地の人びとから「兄弟」，「家族」，「仲間」というように呼称されるような経験があり，純粋に嬉しいものであった。そのような実践過程の中で，国際開発ソーシャルワークをどのように取り組むことができるかの一端について示す。

共同創造による実践に向けて

　ここまで，国際開発ソーシャルワークは国際的な規範や価値等を考慮しながらも，多様な関与者との関係性や固有の状況・環境の中で，文脈依存的な実践になることを述べてきた。そのような実践に求められる視点の一つが，現地の人びととの共同創造[46] である。

　実践における知の創造については，**知識創造理論**（野中・紺野，1999）に基づき，国際開発（Nishihara et al., 2017）やソーシャルワーク（藤井，2003）においてもすでに検討されてきた。この理論では，共同化（socialisation），表出（externalisation），結合化（combination），内面化（internalisation）の螺旋的な過程を経て，知識を創造していくことが示されている。つまり，グループや組織の中で共有されている**暗黙知**を言葉にして形式知として表出し，その形式知を組み合わせることによって課題解決に導く新たな**形式知**として統合し，その新しい形式知を一人ひとりが内面化し実践する，というものである（野中・紺野，1999）。

　この視点を参考にしながら，筆者自身の実践の中から見出したポイントについて述べる。第一に，国際開発ソーシャルワークの実践の前提として，現地で**あたりまえ**とされている活動や考え方等（暗黙知に相当）を人びとと**学び合う**ということである。これは，外から入った実践家が，人びととの対話の中で，現地ではあたりまえの事象の意味を相互に理解していくという過程である。公式・非公式の情報を収集し分析するとともに，現地ワーカーや当事者等がかかわる活動に参加しながら観察したり，その現地の関与者自身からその意味を聞いたりすること等によって，互いに理解を深めていく。[47]

46）Co-production の概念は Ostrom らによって提唱されたといわれ，保健医療福祉においても浸透しつつある（伊勢田，2019）。

47）筆者は，スリランカの農村部で現地ワーカーがコーディネートする障害分野の実践現場において，社会経済的な活動だけではなく，上座部仏教の行事や儀礼が統合されている状況を目の当たりにした。筆者自身はそれまで見たことが無いようなもの

その一方で，非対称な関係性にある「外」から入ったソーシャルワーカーが現地の人びとと対話することは容易ではないことがある。たとえば，質問（例：「なぜ○○なのですか？」や「○○は必要ですか？」）が，文字通りではなく，「先進国」からやってきたソーシャルワーカーに対する**援助ありきの要望**等をただ引き出すだけになる場合があり，日々のコミュニケーションの省察が必要である（和田・中田，2010）。第1章冒頭で記した物語のように，まさに「このことか」と思うようなことは実践現場においても数多く経験したが，事実を聞きながら現地の現実に迫るような問いかけや，互いの省察や気づきを重ねることを心掛ける必要がある。

第二に，現地の関与者との対話の中での**共同的な表出化と行動**がある。地域社会や個別のニーズと課題を見出し，その解決に向け，現地の人びととの実践の創造に向かうことになる。それはフィールドでの日常的な活動を含む，多くの取り組みに当てはまるものである。「外」から入った実践家としては「このように見えるがどうなのか」という確認や，「このように考えることはできないか」というような提案を含め，現地の人びととの対話を続け，具体的な活動をともに行うことがある。現地の人びと共通の目標[48)] を持って戦略的に実施するということが理想的ではあるが，場当たり的な活動になることもある。それは，ソーシャルワーカーのアプローチの仕方だけではなく，社会文化的な背景や関与者の考え方，あるいは前提となる構造等に依存するか

であり，それが持つ意味やその背景にあるニーズを理解しようと心掛けた。現地語であるシンハラ語によって対話してはいたが，生きてきた環境や文化が異なり，必ずしも現地の人びとと同様の認識を持つまでには至らなかったり，筆者自身が見出した機能や意味は現地の人びととの認識と同じではないこともあったりした。それでも，現地の事情を理解し協働実践を進める上で，対話によりその意味を探る行為の過程自体が重要であると感じた。そのような対話が現地の人びとの気づきにつながりうることも体感した（東田，2020: 81-82より転載）。

48) JICAの技術協力プロジェクトでは，公式にはプロジェクト・デザイン・マトリクス（PDM）を用いる。PDMにある指標や内容は，現地のニーズや課題を明らかにする中で，関与者とともに修正していくものである。第6章を参照のこと。

もしれない。外部からやってきたソーシャルワーカーがうまくいかなさや違和感を感じるところにこそ，重要な暗黙知があるのかもしれない。

　第三に，現地のニーズや状況に合わせて，外部からの知や方法（第4章参照）について紹介や**提案**をし，新たな政策・実践・知を生み出すことがある。これは，現地の人材や組織の能力強化，ソーシャル・アクション，社会資源開発等の観点を持ちながら，現地の関与者において何らかの社会的な変化を起こすことを期待するものである。たとえば，海外から入ったソーシャルワーカーが，現地の人びとと見出したニーズや課題に対して，導入されていない情報や技術をセミナーや会合等で紹介や協議することがある。また，開発途上国や新興国の間やグローバル・サウスの中での**学び合い**も行われることがある。[49]しかし，そのような外部からの知識や情報，技術等が現地で受け入れられ活用されるのか，あるいは拒否や反発を生むのかは，関与者との関係性，現地ニーズとのマッチング，さらにはタイミング等のさまざまな要因によって変わってくるであろう。とくに，現地の暗黙知についての理解や協働的な表出と対話が欠如している場合，先進国の知の押し付けと家父長的な権力性をもった活動に陥ることが懸念される（Midgley, 1981, 2010a, 2017b）。

　国際開発ソーシャルワークでは，多様な文脈がある中で特定の型を持つこと自体に無理があるため，ある種バランスの問題であり，創意工夫が必要である。日本のソーシャルワークでいわれるところの**自己覚知**（self-awareness）と同様に，国際開発ソーシャルワークが持ちうる権力性や関与者との関係性，ワーカー自身の位置づけとその変化等に敏感でありながら，**絶え間ない省察**が求められる。「外」から入った実践家は現場の中でときにジレンマを感じながらも，関与者との日々の対話により実践を進めていくことになるのではないか。

---

49) JICAは，新興国や開発途上国が他の開発途上国を支援すること（南南協力）や，その南南協力を資金・技術・運営方法等で支援すること（三角協力）にも力を入れている（細野，2012）。

コラム **2**

モンゴルで活動したソーシャルワーカー

　小野さんとはモンゴルで出会いました。小野さんが現場で人びとの中に入って，かかわりを大切にしながら，草の根の活動や生活をしていた姿が目に浮かびます。また，JICA海外協力隊の中でもソーシャルワーク教育に直接的にかかわる隊員は稀と思われ，その意味でも貴重な体験です。（筆者）

　2016年10月から2018年10月までの2年間，ソーシャルワーカー隊員としてモンゴルで活動しました。配属先は首都ウランバートルから東に約600km離れた地方都市にある大学でした。そこにソーシャルワーカー養成科があり，主な要請内容は学生への指導や，教員に向けての養成カリキュラムの助言をすることでした。

　初代JICA海外協力隊ということもあり，事前情報がほとんどなく，モンゴル語もままならない中，何から活動を進めるか，すべてが手探りの状態でした。わからないことばかりだったため，開き直って，初めにしっかり現状把握をやろうと決めました。モンゴルの人びとの暮らしについてや，どのように授業や実習をしているかについて，先生や学生に嫌がられない範囲で付いてまわり，タイミングを見て質問して理解しようとしました。その一方で，「この日時で」と予定を組んでも，その予定が流されたり，時間どおりに始まらないことが日常的に起こりました。いつの頃からか「約束は気持ち半分くらいでやろう」と自分の中で決めておくと，不思議とその都度腹が立つことはなく，「じゃあ，次はいつにしますか？」と聞くようになっていました。

　配属先では授業以外にも職員旅行，カラオケ大会，卒業式や謝恩会，女性の日や男性の日を祝う会等，大小問わずさまざまな行事がありました。全員かどうかはわかりませんが，ダンスをするのが好きで，飲酒付きのイベントがあると必ずみんな一緒に歌謡曲に合わせて自由に踊る時間がありました。初めは恥ずかしかったのですが，思い切って中に入り，一緒に楽しむ方が何倍も楽しかったです。そんな日々を過ごしていたときに，ある先生が「ユキはモンゴルのことを知ろうとし

てくれるね。一緒にやってくれるから嬉しい」と言ってくれました。

　現状把握をしながら，少しずつ学生向けに授業をしたり，先生に「こんなことをやってみたい」と提案をしたりしていきました。そこで大事だったことは，相手を知りながら関係性を作るということです。何も知らない外国人が来て，いきなりいろんなことを言ったところでおそらく何も聞いてもらえなかったと思います。信頼関係を構築すること，相手のことを知り（アセスメント），計画を立て実行することは，まさにソーシャルワークの基本に通じるものでした。改めて振り返ると，協力隊活動そのものがソーシャルワーク実践の場だったのだ，と感じています。　　　　　　　　　　　　　　　　　　　　（小野　由貴）

Exercise 4　国際開発ソーシャルワークの実践家としての活動!?

　国際開発ソーシャルワークのあり方についてどのように考えるか，グループでディスカッションしてみましょう。その際，以下の点について考えてみましょう。

- 国際開発ソーシャルワークの実践家として活動し貢献してみたいでしょうか。それはなぜでしょうか。

- 国際開発ソーシャルワークの実践家に求められる視点と価値とは何でしょうか。

第6章
国際開発ソーシャルワークにおける
プロジェクト・デザイン

　本章では実際の現場でしばしば用いられるアプローチ，あるいは技法の一例を紹介する。第5章で述べたように，「外」から入った実践家は，一般的には，数年未満の期間内に，何らかの組織に所属して実践することが多い。それゆえに，程度の差はありうるが，目標を定めたプロジェクトの形式を用いて実践することがある。日本の国際協力やJICAの開発プロジェクト等においてしばしば用いられるものとして**プロジェクト・サイクル・マネジメント（PCM）**がある。NGOでも，資金提供ドナーへの申請書や報告書において，類似するものが用いられることが多い。国際開発ソーシャルワークの実践家が用いる場面もあるため概略を紹介する。詳細については章末の引用文献を参照されたい。[50]

PCMの概要

　PCMは，プロジェクトの計画，実施，評価の循環（**サイクル**）を，参加型の方法によって，運営管理（**マネジメント**）する手法である。その際，プロジェクトの概要や概念図を簡潔にまとめたロジカルフレーム（ログフレーム），あるいは**プロジェクト・デザイン・マトリック**

50）筆者自身は，独立行政法人国際協力機構（JICA）が主催した平成22年度「NPO，地方自治体，大学等における国際協力担当者のためのPCM研修」のうち平成22年11月14日に「計画・立案コース」，平成23年1月26日に「モニタリング・評価コース」を修了したほか，JICAにて関連する講座等を受講したことがあり，その経験も執筆の参考にさせていただいた。関係者の皆様に御礼申し上げる。

ス（project design matrix：**PDM**）という概要表を用いる。プロジェクトの計画づくりを参加型で行う「計画立案手法」と，実施中のプロジェクトをモニタリングし評価する「モニタリング・評価手法」に整理されることもある（国際協力機構広尾センター，2010）。

　PCM の特徴には，「**参加型**」（現地関与者の主体的参加と多角的視点等），「**論理性**」（「原因—結果」と「手段—目的」の明確化），「**一貫性**」（PDM に沿った運営管理の担保等），「**説明責任と透明性**」（現地関与者の参加や一貫性等に基づくアカウンタビリティ）等がある（PCM 東京，2016a）。

PCM における参加型とは

　PCM では，プロジェクトの関与者の参加の下で実施されることが前提としてある。ここでいう関与者とは，プロジェクトの計画・実施者，直接的な裨益者（受益者：beneficiaries），プロジェクトの影響を受ける人びとが含まれる（PCM 東京，2016a）。プロジェクトの直接の影響を受ける集団としての「**一次的関与者**」（primary stakeholder），プロジェクト実施過程にかかわる政府機関や NGO 等の組織および個人の「**二次的関与者**」（secondary stakeholder），プロジェクトや関連政策の意志決定に影響力を持つ「**鍵となる関与者**」（key stakeholder）に分けられることもある（久野・中西，2004）。

　プロジェクトの計画づくりの段階から，その循環過程を参加型にすることで，現地のニーズに沿った計画を行うことや，裨益者の**オーナーシップ**を促進し持続性や自立発展性を高めることが期待される（国際協力機構広尾センター，2010）。

　プロジェクトの計画づくりは，関与者の**参加型ワークショップ**によって行われることが多い。**モデレーター**と呼ばれる者（本書では国際開発ソーシャルワークの実践家を想定）がワークショップの中で議論の整理や進行を行うが，それを主導するわけではない。モデレーター

は中立的な立場から，ワークショップの参加者がルールを決め，かじ取りをし，計画作成するのを手助けする（PCM東京，2016a）。ワークショップについては，開催の目的と内容，参加者，方法，時期・時間，場所等を十分に検討する必要がある（国際協力機構広尾センター，2010）。

PCMの過程

　PCMでは，ワークショップを通じて，下記の過程を経る。分類の仕方にはいくつかのバリエーションがあるが，一般的には，下記の8つの段階から構成される。第1段階から第4段階を「分析段階」，第5段階から第6段階を「計画段階」，第7段階から第8段階を「モニタリング・評価」とすることもある（PCM東京，2016a）。各段階における問いを簡潔に示すと以下のようになる（久野・中西，2004；国際協力機構広尾センター，2010；關谷他，2013）。

- 第1段階「**関与者分析**」：対象地域にはどのような人や集団がいるか。そして，プロジェクトとどのような関係があるか。
- 第2段階「**問題分析**」：対象地域にはどのような問題があるか。問題同士にはどのような関係があるか。問題の原因は何か。
- 第3段階「**目的分析**」：問題が解決されたときにはどのような望ましい状態があると想定されるか。その問題を解決する方法や手段は何か。
- 第4段階「**代替案分析とプロジェクト選択**」：複数の考えられる方法や手段（プロジェクト案）のうち，どれが最適か。また，どの部分をプロジェクトとするか。
- 第5段階「**PDM作成**」：プロジェクトの目標，成果，活動，投入，指標，外部条件とリスクは何か。
- 第6段階「**活動計画表作成**」：活動のスケジュール，投入，役割

分担等をどのようにするか。
- 第 7 段階「**モニタリング**」：プロジェクトの活動や成果の進捗はどうなっているか。PDM にどのような修正が必要か。
- 第 8 段階「**評価**」：プロジェクトによってどのような成果と目標達成の状況，インパクトがもたらされたか。

PDM の概要

　PDM はプロジェクトの概要表であり，形式化されている。ソーシャルワークでは一般的ではない用語が含まれるため，その構成要素を説明しておく（久野・中西，2004；国際協力機構広尾センター，2010；PCM 東京，2016a）。

- **プロジェクト目標**（project purpose）：プロジェクト期間中に達成が期待される目標。プロジェクトによってもたらされた対象集団への具体的な効果や利益等。
- **上位目標**（overall goal）：プロジェクト目標が達成されたことによってもたらされる正のインパクト。
- **アウトプット**（outputs）：プロジェクト目標を達成するために，活動によってもたらされる中間的な成果。
- **活動**（activities）：プロジェクトのアウトプット（成果）を実現するために，投入を用いて実施する行為。
- **指標と入手手段**（objectively verifiable indicators and means of verification）：プロジェクト目標，上位目標，アウトプットの達成度を示す基準とその測定手段。
- **投入**（inputs）：プロジェクトを実施するために必要であり，援助側と被援助側とがそれぞれ提供する人員，資金，機材，施設等。
- **前提条件**（pre-conditions）：プロジェクト実施前に満たされていなければならない条件。

76

- **外部条件**（important assumptions）：プロジェクトの成功のために重要であるものの，プロジェクトはコントロールできず，生ずるかどうか不確かな条件。

　本章末に，参考として，仮想のプロジェクトのPDMの例を挙げた。このPDMは，B国における障害者の社会経済的参加の促進のための国際開発プロジェクトを想定したものである。[51] 模擬的に，プロジェクト開始前に作成されたver. 1を示した。実際の指針がまだ固まってない時期の想定である。また，あえて具体的な活動については触れていない。ここでは，PDMの概略を理解するとともに，今後，どのような取り組みや活動が必要になってくるかについても検討してほしい。

限界と課題

　PCMは体系的で合理的であるため，とくに日本においては馴染みやすいツールかもしれない。しかし，以下に述べるようにさまざまな限界と課題がある。第一に，PCMを用いるのは誰か，という根本的な問題がある。PCMが**「現地」の住民**等の**参加型**であることを前提とするものの，実際には**「援助」側（「外」から入った実践家）が導入**することが多いだろう。そのため，PDMを形式的に作成するのではなく，現地の関与者と**共同**して取り組むことが必要となる。

　第二に，PCMは問題解決型とも言え，**問題が顕在化しえない状況の分析には不向き**である（国際協力機構広尾センター，2010；野田，2000）。したがって，PCMの枠組みに当てはめるために，対象となる問題探しから始めることになれば，現地のニーズとかけ離れてしまうであろう。そして，プロジェクトにより中心問題に取り組むことで現

---

51)「ウランバートル市における障害者の社会参加促進プロジェクト」（DPUB）での長期専門家としての活動枠組みと経験をもとに仮想的に作成した。JICAとモンゴル国労働社会保障省に感謝申し上げる。

地の状況が改善される，という直線的な因果関係の図式や想定は，あくまで仮定にすぎない（野田，2000）。PCMは万能のツールではなく，以上のような**限界**についてはよく理解しておく必要がある。

Exercise 5　国際社会福祉プロジェクトを考えてみる！

　プロジェクト・デザイン・マトリックス（PDM）の素案づくりを体験してみましょう。グループまたは個人で，以下の手順と章末の別添資料を参考にして作成してみてください。なお，本来は現地の関与者とともにPDMを作成することが前提ですが，ここでは体験のために作成します。

- 国・地域と課題を選定しましょう。Exercise 2で選んだ国・地域の課題を参考にすることができます。

- 「問題分析」と「目的分析」を適宜行ったうえで，PDMの素案を作ります。PDMのすべての項目を埋める必要はなく，プロジェクト目標，アウトプット，活動を中心に考えてみましょう（指標やその入手手段等の検討は可能な範囲でかまいません）。

- PDMについて5分程度で口頭発表し，聞き手から質問を受けたり，意見をもらったりしてみましょう。

- その意見を踏まえて，作成したPDMの特徴や課題について批判的に振り返ってみましょう。

コラム **3**

社会福祉教育を受けた後，国際開発分野で活躍する実践家

　今回の改訂版で新しく寄稿いただいたのが清水さんです。2023年1月にはスリランカで直接お会いすることができました。清水さんは社会福祉教育を受け，国際開発についても学び，現場で活躍されています。国際福祉論を学ぶ学生の皆さんにとっても大いに参考になるでしょう。（筆者）

　私は大学で社会福祉を専攻し，国内外の福祉現場で経験を積んだ後に開発学の修士号を取得して国際開発分野でのキャリアをスタートしました。2023年2月現在，JICA長期派遣専門家としてスリランカ社会サービス局とともに技術協力プロジェクト「スリランカにおける障害者の就労支援促進プロジェクト」を実施しています。

　政府開発援助の一環である二国間技術協力の専門家として政策の立案および実施体制構築に取り組む現在の業務においても，ソーシャルワーカーあるいは社会福祉士として学んだ知識や福祉現場での経験が役に立っていると実感しています。一例としてケースワークにおいて各クライエントの事情を尊重しつつ類似ケースを無意識のうちに同じように扱ってしまう危険性や支援のルーティーン化を防ぐために重要な概念である「個別化」を挙げると，国際開発分野でも新事業の方針を検討する際に特定のアプローチや過去の個人的な経験等を十分な検証がないままに当てはめようとするケースが少なからずあるように感じています。過去からの教訓が重要であることは当然なのですが，「今の」「この国／地域／現場の」「この課題に」どういった取り組みが効果的且つ実現可能なのかを偏見なく多角的な視点で考察する姿勢も同じくらい大切であることを自身の原点と現在取り組んでいる実践を往還することで再確認させられます。

　ソーシャルワーク的思考を原点に持つことは私にとって既存の社会福祉的アプローチを持ち込むだけではなく，現地関係者との協働を通じてアプローチを形成する上でアドバンテージだったと認識しています。他方で，ソーシャルワーク的発想・アプローチだけで社会問題を

包括的に捉え解決することができないことも実務を通じて痛感してお
り，自分達ができることとできないこと，関係するステークホルダー
の強みと課題等を整理したうえで機能的な体制を構築し問題解決に取
り組むことを心掛けています。このプロセスはソーシャルワーカーが
クライエントのために様々な地域資源を調整・活用する過程に似てい
るかもしれません。また，本書が定義を明らかにしようとしている国
際開発ソーシャルワークと相通じる点も多いように思います。

（清水　貴）

〈参考資料〉

Project Design Matrix（ver. 1）
- プロジェクト名：A 州における障害者の社会経済的参加促進のための技術協力
　　　　　　　　プロジェクト
- 期間：202X 年 1 月～202X 年12月（3 年間）
- プロジェクト・サイト：B 国 A 州

プロジェクト要約	指標	指標データ入手手段	外部条件
上位目標			
A 州において障害者の社会経済的参加が促進される	1．A 州内で，XX％以上の障害者が自身の社会経済的参加が増加したと認識する 2．障害者職場環境基準適合認定を受けた公共施設と民間企業の XX％以上が，改善に向けて具体的な施策を実施する	1．障害者団体へのアンケート調査 2．障害者職場環境基準適合認定を受けた組織・団体への聞き取り調査	
プロジェクト目標			
A 州において障害者の社会経済的参加を促進する体制が強化される	1．社会福祉省，A 州，関係省庁と障害者団体との情報共有会合が公式に年 2 回以上開催される 2．障害者の社会経済的参加の計画，実施，モニタリングのプロセスに 5 以上の障害者団体の代表者が参加する 3．プロジェクトを通じて行われた事業の継続的な実施が政府の公式文書に記載される	1．プロジェクト進捗・完了報告書 2．プロジェクト進捗・完了報告書 3．政府の公式文書	障害者権利条約にもとづき障害者の社会経済的参加を促進するという B 国政府の方針が変更されない

成果			
1．A州における障害者に関する情報が社会福祉省において整備される	1．社会福祉省が関連省庁や自治体と協力し，障害者の就労関連統計が収集される 2．社会福祉省が関連省庁，自治体，障害者団体と協力し，障害者の社会経済的参加を促進する社会資源情報が収集される 3．社会福祉省が10以上の障害者団体と協力し，障害者の就労ニーズ調査が実施される 4．上記の調査分析報告書が作成される	1．障害者基礎情報報告書 2．社会資源調査報告書 3．ニーズ調査報告書 4．調査分析報告書	B国の経済財政状況が安定している
2．A州において障害者の社会経済的参加を促進する団体の能力が強化される	1．社会経済的活動に参加する月間障害者数が15％以上増加する 2．障害者団体の社会経済的活動の参加者の80％が活動内容に満足する	1．障害者団体に対するアンケート調査 2．障害者団体の活動参加者に対するインタビュー調査	
3．A州にて障害者の就労を支援する資源が形成される	1．障害者就労支援コーディネーターが30人以上育成される 2．障害者職場環境認定調査員が15人以上育成される	1．プロジェクト進捗・完了報告書 2．プロジェクト進捗・完了報告書	
4．障害者の社会経済的参加を促進する社会福祉省の能力が強化される	1．社会福祉省により計画された就労支援関連研修の80％以上が実施される 2．就労支援研修の参加者の80％以上が所定の認定試験およびフォローアップ試験を合格する 3．同省が計画した障害者職場環境基準適合調査の70％以上が実施される	1．プロジェクト進捗・完了報告書 2．就労支援研修参加者を対象とした試験報告書 3．プロジェクト進捗・完了報告書	
活動	**投入**		
（略）	**B国側** 1．社会福祉省カウンターパート職員の配置 2．プロジェクト事務所のスペースの提供 3．活動に参加する社会福祉省職員の人件費，B国内の移動にかかる経費等 **日本側** 1．人材 2．短期研修：本邦研修・第三国研修 3．プロジェクトの実施に必要な機材 4．プロジェクト実施に係る費用	**外部条件** （略） **前提条件** ・行政機関，障害者団体がプロジェクト活動に協力する ・行政機関やA州が障害者の社会経済的参加を促進するための予算を確保する	

第Ⅲ部　各　　論

第7章
日本のソーシャルワーカーによる
国際開発実践[52]

　本章では国際開発ソーシャルワークに関して，アジアにおける実践の内容と視点の例を示す。JICA によって派遣されたソーシャルワーカー隊員の経験に着目した簡易的な分析結果の一部を参照する。文脈依存性と関与者との関係性の中で，省察的な国際開発ソーシャルワークを行うことの重要性について示す。

背景と目的

　第1章と第4章でも述べたように，2014年にソーシャルワーク専門職のグローバル定義が採択され，インディジナス・ソーシャルワーク実践についての関心も高まっている（Gray et al., 2010ab）。脱植民地主義ソーシャルワークとも相まって，南半球や先住民の知に基づくソーシャルワーク実践が探求されてきた（Coates & Hetherington, 2016；Kleibl et al., 2019）。その一方で，グローバリゼーションによるさまざまな社会問題や国・地域の諸課題に対して，「外」から入った実践家が現地の知や関与者との関係を踏まえながら，**いかにして貢献できるか**についての議論はいまだ醸成されているとは言い難い（Gray, 2005；Payne & Askeland, 2016）。とくに，国際機関等の組織としてだけでは

52）本章は筆者が現在取り組んでいる研究の途中経過における暫定的な分析の一部を断片的に示したものである。分析の一部は下記の文献を参照されたい。Higashida, M. Exploring subjective experiences of international social workers in Asia：Content analysis of Japanese field reports. Asian Social Work and Policy Review, 15(2), 123-132.

なく，**一人ひとり**の国際開発ソーシャルワークの実践家がどのような取り組みを他の関与者と行うかについて着目することも求められている。

　本章では，1965年から実施されている日本の国民参加協力事業であり，二国間の政府開発援助（ODA）の一環として開発途上国等に派遣されるJICA海外協力隊（以下，JOCV）のうちソーシャルワーカー隊員の活動に着目し，その実践内容や視点について示す。

　JOCVにかかる事業には120以上の派遣職種があるが，1998年に設定されたソーシャルワーカーや，社会福祉関連職種（「障害児・者支援」や「高齢者介護」）として派遣されてきたJOCVは開発途上国においてさまざまな形で貢献してきたという報告がある（高橋他，2018）。ソーシャルワーカー隊員（以下，JOCVソーシャルワーカー）については，星野（2007）がその活動を促進する要因として，個人レベル，所属組織レベル，地域レベル等における対処方法を探索した。

　それらを踏まえ，本調査では，近年のJOCVソーシャルワーカーの主観的な経験や認識をもとに，活動の文脈と内容等について探索することを目的とした。とくに，現地の当事者をはじめとする関与者との協働的実践と社会文化に根ざした活動の重要性を含む，社会開発的なアプローチを意識した実践に着目した。

　アジア諸国に原則として2年間（場合によって数か月の延長等あり）派遣されたJOCVソーシャルワーカーを対象とした。JICAが公開しているデータのうち，2003年以降に派遣されたJOCVソーシャルワーカーの報告書および活動状況表等を閲覧するとともに，補足的にJOCVソーシャルワーカー経験者へのインタビュー調査を実施した。[53]

53）ご協力いただいたJICAおよび青年海外協力隊事務局に感謝申し上げる。公開データのみを使用し，個人情報は含まない形でデータを分析した。調査等については，青森県立保健大学研究倫理審査にて承認を受けた（承認番号：21009）。

概要とエピソード

　対象とした2003～2018年の間に派遣されたJOCVソーシャルワーカーの利用可能なデータ（n＝176）に基づくと，派遣地域としてはアジア（約4割）が最も多かった。そのうち，アジアのJOCVソーシャルワーカーから，短期ボランティア等を除外し，原則として2年間（場合によって数か月の延長等あり）派遣されたJOCVソーシャルワーカーの報告書および関連資料を収集した（n＝59）。分析データには11か国の赴任先が含まれた。マレーシアとスリランカの合計がアジア全体の過半数を占めた。活動分野については，障害分野が過半数で，ついで高齢者分野が多かった。

　JOCVソーシャルワーカーの活動地の地域区分について，農村部もしくは地方都市に派遣されたJOCVソーシャルワーカーが大半を占めた。配属先区分については，二国間の政府開発援助（ODA）の背景もあり，多くが行政機関や国公立施設等に派遣されていた。現地受入先においては，明確にソーシャルワーカーが配置されていたのは約2割であった。その他職種は，一般行政職，行政の福祉部門職や社会サービス担当官，特別支援学校教員，NGOスタッフ等であった。

　JOCVソーシャルワーカーの赴任3か月頃の段階では，配属先のニーズや要望と活動の内容や必要性が一致していない，当初の要請内容にあるニーズが見出せない，本当に活動が必要なのか不明，というような記述が散見された。「**現地に行ってみたら話がまったく違った**」というような感覚は，JOCVの体験としてよく聞く話である。さらに，JOCVソーシャルワーカー自身の**現地語**の語学力（とくにスピーキングとリスニングによるコミュニケーション能力）の低さ等，活動計画が立てられる状況にないことについての言及も見られた。

　活動内容としては，多くがグループ活動等の**集団的なアプローチ**や**コミュニティワーク**による活動に取り組んでいた。その中には，現地の職員や支援者，住民に対するセミナー等による人材育成に関する活

動も含まれた。多職種や地域住民の動員や，企業等との連携による活動を取り入れている JOCV ソーシャルワーカーもいた。他方，ケースワーク等の個別支援活動を行っている JOCV ソーシャルワーカーは2割弱であった。

　活動の失敗要因に関しては，JOCV ソーシャルワーカー主導による**持続不能な活動**に該当する報告が散見された。たとえば，サービス立ち上げを赴任早期から JOCV ソーシャルワーカー主導で行ったが続かなかった，との反省があった。実践の方法が日本と異なり，現地では JOCV ソーシャルワーカーの手法が受け入れられず，現地の関与者が説明をするべきであった，というエピソードも見られた。さらに，日本で一般的なソーシャルワーク（たとえば，ケースワーク志向）に**こだわり**すぎたことにより自ら活動を制限してしまったことへの反省の記述も見られた。

考察

　本章で対象とした JOCV ソーシャルワーカーの活動内容のうち，ケースワークのような個別支援活動は限定的であり，グループやコミュニティに対する集団的なアプローチがより多くみられた。JOCV ソーシャルワーカーが直接支援できる範囲は限られていることのみならず，そもそも現地の人びとが主であり，現地人材の能力強化や，セミナーと助言等による間接的な支援が多いように考えられる。JOCV ソーシャルワーカーが活動成果を認識している場合もあったが，**困難**に直面している場合も垣間見られた。つまり，（おそらく過度に）**制度化された日本**におけるソーシャルワーク実践とは大きく異なるとともに，異文化や宗教の違いも相まって，JOCV ソーシャルワーカーはさまざまな困難に直面したり，そのような中で**創意工夫**を行ったりしていることが推測される。

　これらの点は国際開発ソーシャルワークのあり方について示唆を与

える。実際に派遣された JOCV ソーシャルワーカーにおいては，母国の日本との状況の差異に**戸惑いや疑問**を抱きながらも，現地の中で人びとと取り組む場合もあった。その中には，支援が必要とされているのかさえ明確でない状況や，外部から派遣された JOCV ソーシャルワーカーが一方的に単独で活動したことによりニーズからかけ離れてしまったという事例もあった。それらの状況や事例は，「外」から入った実践家が現地において，自国の文化やコミュニケーションの取り方等の違いを理解しつつ，省察的な実践と教育の必要性があることを示唆する（Jönsson & Flem, 2018；Okabe et al., 2017；Thampi, 2017）。

　また，現地受入者が狭義のソーシャルワーク専門職である場合は比較的少なく，行政や民間の一般職員や住民との草の根の取り組みが主流である状況も見られた。現地の方針やニーズと活動のマッチングの調整をしつつ，人びととの対話によって取り組みを進めることが求められる。また，日本のソーシャルワークのイメージとの**ギャップ**や，場合によっては「（自分が考える）ソーシャルワークへの固執」によって，苦闘するケースも見られた。それらを踏まえると，いわゆる先進国と途上国，あるいは途上国同士の間でのソーシャルワーカーの立場性を越えた**互恵的な交流**，という面から捉えていくことも必要である（Midgley, 2010a）。

　本章では探索的な調査の一部を紹介したが，現地受入職員をはじめとする関与者の声は直接的には反映されていない。あくまで JOCV ソーシャルワーカーの視点からみたものに過ぎず，現地関与者は異なる体験や視点を持っているであろうことは容易に推測される。したがって，本章の内容は JOCV ソーシャルワーカーの体験の一部分を切り取ったものである，と留意しておく必要がある。

まとめ―次の一歩に向けて

　本章では，ソーシャルワーカーの国際協力の役割の一端を断片的に示した。JICA海外協力隊に対しては，肯定的な論調から否定的な意見に至るまでさまざまな言説があるが，本章ではJOCVソーシャルワーカーの実践における主観的な体験から活動の諸相に触れた。

　赴任地において，福祉や保健のサービス等が制度化されている日本国内とは大きく事情が異なる環境下で，一人ひとりのJOCVソーシャルワーカーが試行錯誤しながら現地の人びとと活動をしている状況があろう。その中には，成功的な体験をしているJOCVソーシャルワーカーもいれば，現地の活動に否定的であるJOCVソーシャルワーカーもいた。それらはJOCVソーシャルワーカー個人の行為のみに起因するというよりも，多様な環境的要因があり文脈依存性がある中での活動の現実を示唆する。

　本研究のテーマに関連して，その他の取り組みも実施されている。一例として，筆者も参加している「アジア国際社会福祉研究会」にて，国際ソーシャルワークに関連する組織で活動する実践家個人へのヒアリング調査を実施した（東田他，2023）。本調査の目的は，国境を越える諸課題に対してソーシャルワークに取り組む組織の実践家に着目し，その実践を支える視点や，ソーシャルワーク教育との接点を探索することであった。実践家への対談的なヒアリングを通して，国際社会福祉や国際ソーシャルワークが多角的に分析した。実践家の語りから国際ソーシャルワークの諸相を問い直すユニークな取り組みである。

コラム **4**

マレーシアでの実践に取り組むソーシャルワーカー

　田中さんとの出会いの地は大阪でした。当時，筆者が院生，田中さんが学部生という立場の違いはありましたが，ともに精神保健福祉を学んでいました。まさか，どちらも国外のソーシャルワーク実践にかかわることになるとは夢想だにしませんでした。人生はわからないものです。なお，本書では「障害の社会モデル」の慣例からあえて「障害」という表記を用いていますが，本コラムでは執筆者の意向を尊重し「障がい」のままとしています。（筆者）

　Apa khabar（お元気ですか）私は2023年2月現在，マレーシアにJICA海外協力隊として派遣されており，ソーシャルワーカーとして障がい者の就労支援に二年の任期で従事しています。派遣された当初は周りが話しているマレー語での会話についていけず，活動どころではなかったのですが，一年が経ち徐々にコミュニケーションがとれるようになってきました。生活のため，将来のため，家族のため等，障がい者が働きたいという想いは日本と変わることはありません。しかし，日本のように障がい者の雇用義務があるわけではなく，就労支援の制度も十分ではないなか，その想いを一緒に実現していくために何ができるかを日々考えながら活動しています。

　活動の中で，ソーシャルワークにとって重要となる「関係を築いていく」ということに，日々懸命に向き合っています。言葉が分からず伝えることを躊躇したり，相手の言葉を聞き間違って頓珍漢なことをしてしまったりと，当たり前にコミュニケーションをとって関係を築くことの難しさを痛感しています。その中でも，なんとかして話を理解しようとしてくれる人に出会い，救われることも少なくありません。そのような出会いを通して，人の話を聴く姿勢の大切さに改めて気付かされています。

　日本とは違う文化や宗教をバックグランドとした価値観に触れることも興味深いものです。多民族国家であるため，それぞれの民族が文化や歴史によって形成された価値観を持っていると感じています。ま

た，苦労や貧困等を宗教上の試練と捉え耐えることを良いとする等，その価値観に触れることなしには，その人の想いを理解することが難しいといった経験を数多くしています。

　このように，当たり前と思っていたことが当たり前ではない中，就労支援はこうあるべきというものが，日に日に崩されていく感じがありました。日本のような福祉制度があればと思うことや，もっと効率的に活動がしたいと思い「もやもや」することもあります。ただ，日本のやり方や考え方を当てはめようとするのではなく，ここで何ができるかというところから出発していきたいと，今では思えるようになりました。国際協力の現場に足を踏み入れて見えてきたもの，見つめなおしたこと等を，みなさんと一緒に話せる日が来るのを楽しみにしています。

（田中　健志）

Exercise 6　日本から海外に派遣されるとしたら？

　国際開発ソーシャルワークの実践家として海外で活動することについて関心がある場合，次のことを考えてみましょう（JICA 海外協力隊応募書類を一部参照）。なお，必要に応じて，ソーシャルワーカー隊員や関連職種の募集要請を参考にすると良いでしょう。(https://www.jica.go.jp/volunteer/index.html)

• あなたが参加する動機や抱負は何でしょうか。

• あなたが考える活動の意義と目的は何でしょうか。

• 実践家として携わる際に想定されるあなた自身の強みと弱みは何でしょうか。

• どのような活動を行うことが考えられるでしょうか（活動内容や日常生活を含む）。

第 8 章

地域に根ざしたインクルーシブ開発と 国際開発ソーシャルワーク⁵⁴⁾

　本章では，ここまでの国際開発ソーシャルワークに関する視点を踏まえて，分野の一事例として，「障害と開発」における実践ついて紹介する。とくに，第 3 章で述べた開発的ソーシャルワークの視点を活用する。

　地域に根ざしたリハビリテーション（Community-based rehabilitation：**CBR**）と**地域に根ざしたインクルーシブ開発**（Community-based inclusive development：**CBID**）の実践的な戦略と概念的枠組みが国際的に提案されてきた。CBR/CBID と SDGs との関連もしばしば議論されている。本章では，第 3 章で述べた開発的ソーシャルワークと CBR/CBID の統合による実践のあり方を紹介する。草の根レベルで活動するソーシャルワーカーにとって，この統合は実用的であり実現可能である。とくに，障害者権利条約の履行を推進し，障害者の社会経済的平等を促進するためには，**社会的投資**（social investment），**包括的で分野横断的なアプローチ**，**地域資源の活用と開発**，**人材の能力開発**（capacity development）が必要であることを示す。また，**マイノリティ**を含む民族や文化に配慮した実践が重要であることと，関与者間の

---

54) 本章は，以下の拙著から一部を抜粋し，書き直し，翻訳したものである。掲載の許諾をいただいた「Disability, CBR & Inclusive Development」誌および日本国際保健医療学会に感謝申し上げる。1) Higashida, M. (2018). Developmental social work for promoting the socioeconomic participation of persons with disabilities：An application of the capability approach. Disability, CBR & Inclusive Development, 29(2), 94-117. 2) Higashida, M. (2017). Integration of developmental social work with community-based rehabilitation：implications for professional practice. Kokusai Hoken Iryo (Journal of International Health), 32(4), 271-279.

力関係の省察が必要であることを示す。

障害問題，CBR/CBID，ソーシャルワーク

『障害に関する世界報告書』（WHO & World Bank, 2011）等により世界人口のうち15％の人びとが何らかの障害を経験していると推計[55]され，80％の障害者が開発途上国に住んでいるといわれる。少し古い情報ではあるが，アジア太平洋経済社会委員会（ESCAP, 1993）の加盟国において教育を受けている障害児の推計はわずか5％と報告された。また，障害者の80〜90％は失業している可能性があり，機能障害の80％は貧困から生じる可能性があることが指摘された（Bieler, 2006）。そして，戦争や紛争，災害等と障害問題との関係も根深い（Higashida et al., 2017；WHO et al., 2010）。障害者が直面する社会的排除，教育や参加機会の制限，保健サービスへのアクセスや健康の格差，失業や貧困等の悪循環は世界で取り組むべき社会問題である一方で，その障害と開発にかかわる取り組みはすべての人びとにとって住みよい世界や環境にしていくことにつながる（Higashida, 2019）。

　目標としてのCBIDと，それを実現するための手段であるCBRは，国際機関から開発途上国の農村のワーカーに至るまで，さまざまな関与者によって広く推進されてきた。CBR/CBIDのボトムアップ的な特徴から，障害者の権利を実現するための現地の関与者による草の根の実践が重要となる。国際的に標準化されたCBRガイドライン（WHO et al., 2010）に基づく戦略の効果の根拠は示されている（e.g., Cayetano & Elkins 2016；Lukersmith et al., 2013；Mauro et al., 2014, 2015）。

　CBR/CBIDは国際的に重要な社会開発戦略の一つである。CBRは「すべての障害者のリハビリテーション，機会の均等化，社会的包摂に

---

55) ただし，こういった統計情報がどのような経緯や背景の中で表されているのかについて見ていくことも必要である（東田，2019）。

向けた地域社会開発の一戦略」と定義された（WHO et al., 2010）。CBR
は，1978年にアルマ・アタで採択されたプライマリ・ヘルスケア
（Primary health care：PHC）に関する宣言とともに発展しながら，
1970年代後半から世界保健機関（WHO）によって広く導入・推進さ
れてきた。2010年に策定された**CBRマトリックス**には5つの主要要
素（保健，教育，生計，社会，エンパワメント）とそれぞれに紐づく
5ずつの構成要素が示されている（WHO et al., 2010）。

　CBR/CBIDは，関与者や人的資源について，障害当事者のエンパワ
メントを強調するとともに，地域社会における非専門家の能力開発を
含む，ボトムアップのアプローチを重視する。歴史的に，地域社会で
の障害者の主な支援者や介助者は，家族，住民ボランティア，学校の
教師等，地域の成員や非専門家であることが想定されてきた（Brinkmann,
2004；Helander et al., 1989；Peat, 1997）。他方，CBR/CBIDの研究や
実践では，障害者が単にサービスの受け手（受益者）としてではなく，
貢献者や活動家として参加できる環境づくりを促進すべきであると提
言されている（Knapp & Midgley, 2010；Rifkin & Kangare, 2002）。し
たがって，CBR/CBIDを主導する関与者について，障害者やその家族，
村人等の非専門家を含むものとして捉える必要がある。

　CBR/CBIDはソーシャルワーカーの役割を否定するものではなく，
むしろ現地の関与者の**能力開発**と**エンパワメント**を通じて，持続可能
な開発を促進することを求めている。CBRガイドラインには，対象と
なる関与者が示されており，ソーシャルワーカー，保健ワーカー，教
師，地域社会開発ワーカーが含まれる（WHO et al., 2010）。保健，教
育，地域社会開発に至るまで分野横断的に関与者がいるため，CBR/
CBIDでは，特別な技能や技法を持つだけの狭義の専門家ではなく，分
野横断的に協働が可能な専門家が求められる（Peat, 1997）。

　ソーシャルワークの観点からは，CBR/CBIDにおける専門家の実践
的なアプローチとスキルの開発と発展が必要である。ある研究者
（Lightfoot, 2004）は，障害問題におけるソーシャルワーク戦略として

CBR を紹介した。住民の組織化，コーディネーション，アドボカシーを強調するコミュニティ・アプローチとソーシャルワークが類似しており，ソーシャルワーカーが CBR/CBID に貢献できるという。ただし，ソーシャルワーカーは草の根レベルの活動に関与すべきであるものの，国によってはそのほとんどが都市の政府部門に雇用されていること等の課題は大きい（Persson, 2014, 2017）。

開発的ソーシャルワークとケイパビリティ・アプローチの視点から

　ここでは第 3 章で示した**ケイパビリティ・アプローチ**の枠組みを用いて説明する。ケイパビリティ・アプローチ（Mitra, 2017；Sen, 1992, 1999；Morris, 2009；Kuno, 2012）によって補完されうる開発的ソーシャルワーク実践は，人間の多様性，健康とその困難さ，利用可能な資源，社会の構造と障壁等を考慮しながら，当事者の生活の質の向上を目指し，社会経済的参加の機会を拡大し，エンパワメントを促進する。その実践は，草の根の実践（ミクロレベル）から社会変革や政策立案（マクロレベル）までを含むことが期待される（Elliott, 2012；Elliott & Mayadas, 2001；Midgley, 2010b）。開発的ソーシャルワークの特徴的なアプローチの一つが，貧困や社会経済的不平等に対処する社会的投資である（Midgley, 2010b, 2017a）。それらを通じて，障害者が社会経済的参加の機会の幅を広げることを目指す。以下，関連する文献（Saleeby, 2007；Midgley, 2010b；Knapp & Midgley, 2010；Van Breda, 2015）を参照しながら，ケイパビリティ・アプローチを応用し，一例として，社会経済的参加の促進のための開発的ソーシャルワークのポイントを示す（第 3 章図 4 も参照のこと）。

　第一に，ソーシャルワーカーは，障害者を含む関与者と協力して，障害者の**ケイパビリティ**と，社会経済的参加の機会の基盤となる**利用可能な資源を開発**することができる。資源には，参加するために必要な経済的，物理的なもの（たとえば，手当，補助器具）や個人的な支

援だけでなく，草の根レベルで参加する機会になりうる自助グループ，小口金融（microfinance），収入創出活動，職業訓練，インクルーシブなワークショップが含まれる（Knapp & Midgley, 2010）。障害者のニーズと資源を同定した後，人びとの信頼のつながり，あるいは社会関係資本（social capital）を動員し，人びとのネットワークを構築し，政府，NGO，民間団体の社会的投資と資金調達を促進することができる。したがって，開発的ソーシャルワークでは，社会的投資戦略と，ソーシャルワーカー自身の知識やスキルを活用して，障害者や地域の関与者と協働して利用可能な資源を創出することが期待される。

　第二に，ソーシャルワーカーには，既存または新規の**資源を活用**しながら，障害者やその他の関与者と連携して，**社会環境を改善**し，**社会変革を促進**することが求められる。これは，障害者の参加機会への負の影響を避けるために，社会的な変換要因に働きかけるものである（Saleeby, 2007）。たとえば，ケアマネジメント等の個別的な支援や調整だけではなく，雇用政策の改善を求めるロビー活動，障害問題に対する意識向上等，社会変革にかかわる行動まで多岐にわたる（Knapp & Midgley, 2010）。そのような障害当事者との多彩な協働的実践は，障害者の参加機会の幅を広げることができる（Saleeby, 2007；Veal et al., 2016）。

　第三に，障害者が機能障害のために参加機会を選択することが困難な場合，ソーシャルワーカーは，ミクロレベルでの**意思決定の支援**を行うことがあろう。本人の意思や選好の継続的な確認や見極めをし，必要に応じて障害者の家族を含む関与者との協議や資源調整をすることもある。つまり，障害者の選択の促進と，ケイパビリティの拡大のための支援が求められる。ソーシャルワーカーは，そのような調整の際に，本人以外の他の関与者の利益が優先されないように，社会正義，人権，ストレングスの視点等の基本的な原則を考慮する必要がある（Midgley, 2010b；Knapp & Midgley, 2010）。

　第四に，障害者の参加が達成された段階では，**エージェンシー**の視

点が重要である。障害者リーダーの能力開発や，当事者活動への側面的支援，障害関連委員会の組織能力開発，持続可能な小集団活動の促進が含まれる（Knapp & Midgley, 2010）。ソーシャルワーカーによるこれらの実践は，障害者の個人的・集団的な主体性を促すだけではなく，各人のケイパビリティに変換されうる新たな資源を生み出す（Veal et al., 2016）。

　このような開発的ソーシャルワーク活動は，障害者をはじめとする関与者との対話を重視し，当事者等からのフィードバックに敏感である必要がある。そして，障害者が参加の可能性の幅を広げることは，障害当事者を含むすべての人びとの参加を促進するような環境を生み出すことにもつながる。変換要因と開発的ソーシャルワーク実践との間にも同様の関係が見られる。開発的ソーシャルワーク実践において，社会的・物理的障壁を取り除こうとする場合等，変換要因に働きかけた結果，その変換要因は実践にも影響を与えうる。そして，ソーシャルワーカーの実践のあり方は，地域社会の障害者のニーズや状況に応じて柔軟に変化していくことが求められる。

実践事例

　開発的ソーシャルワークの視点に基づいて，スリランカの農村部で実施された CBR 事業におけるソーシャルワーカーの事例を簡潔に紹介する。スリランカでは CBR の公式な試行事業が1981年に開始され，1990年前半には国家事業として発展した。地方行政官である社会福祉担当官（Social services officer：SSO）が，障害当事者を含む住民ボランティアを育成するとともに，他の行政部門や民間組織と連携して包摂的に CBR 事業を実施することが期待される。SSO はソーシャルワークに関するライセンスやソーシャルワーク教育を受けた経験を必ずしも持たないが，ソーシャルワークに類似する機能を果たしうる。

　筆者は，JICA 海外協力隊のソーシャルワーカー隊員（「外」から入

った実践家に相当）としてCBR事業に参加した。2013年から2015年にかけて，現地の関与者とのインクルーシブな社会づくりを総合的な目的として，障害者やその家族，SSO，住民，他部門等との協働的な実践にかかわった。赴任地には障害者の参加機会の不十分さや貧困の問題が散見された。SSOとその他の関与者は，文化的また宗教的な活動，社会経済的活動，教育的活動を生み出しながら，障害者の参加を促進するための取り組みを実施していた。さらに，赴任地に派遣された他部門のJICA海外協力隊（コミュニティ開発，青少年活動，特別支援教育，理学療法）とその現地受入先同僚（カウンターパート）とともに，インクルーシブな取り組みを推進するために，生計，保健，教育，社会にかかわる分野横断的な取り組みを実施した。

　以上には，現地のSSOや障害当事者，住民らによる開発的ソーシャルワークあるいはインディジナス・ソーシャルワークの実践と，「外」から入った実践家との協働的実践が含まれる，と見ることができる。[56]

Exercise 7　取り組みたい課題や実践のあり方を再度考えてみる！

　本章では事例としてインクルーシブ開発における国際開発ソーシャルワークのあり方について見てきました。本書全体の内容も踏まえながら，あなたはどのような課題に対して，どのように取り組むことができるか，まとめとして考えてみましょう。

56）事例の詳細は拙著を参照のこと。東田全央．（2020）．『もう一つのソーシャルワーク実践—障害分野・災害支援・国際開発のフロンティアから』大阪公立大学共同出版会．

第9章
多文化共生と多文化ソーシャルワーク

　ここまで本書では主に自国外の開発現場における実践を想定して記述してきた。本章では，越境する人びとと，自国内における課題と必要な実践に目を向ける。

　グローバリゼーションに伴い，日本では急速に国内の国際化が進んできた。2019年の訪日外国人数は3,000万人を超え，コロナ禍以前では日本国政府は2020年に4,000万人を目標値として掲げた。また，在住外国人数も増加してきた。その中には，外国人介護人材が含まれ，社会福祉分野にも直接関連するようになった。他方，昨今，いわゆる日本国内の国際問題も取りざたされるようになってきた。直近では，ロシアによる侵攻に伴うウクライナ難民への注目が高まっているが，それ以前からある移民・難民問題を含めて，理解し行動することが必要である（石川，2023）。そのような背景の中で注目されている多文化にかかわるソーシャルワークについて概観する。

　欧米をはじめとする諸外国では，**多文化ソーシャルワーク**や異文化間ソーシャルワークに関してさまざまな実践や研究が行われてきた。たとえば，米国では，民族的少数派（ethnic minority）に対するソーシャルワーク実践に関して，‘Ethnic sensitive social work’，‘Cross-cultural social work’，‘Multicultural/multi-ethnic social work’ 等の表現が用いられてきた（石河，2003）。ここでは，諸外国のそれらのソーシャルワークとの直接的または間接的な相互作用があることを念頭に置きながらも，日本の文脈における多文化共生に焦点を当てる。そして，多様な文化の背景とする人びとにかかわるソーシャルワーカーに求められる視点について紹介する。

多文化共生とは

　日本国内の国際問題はこれまでにもその歴史とさまざまな社会的事象とともに議論されてきた。在住外国人のうち，1970年代までは第2次世界大戦終戦前から在留していた朝鮮半島出身者とその子孫（「**オールドカマー**」と呼ばれることもある）が大半であったが，1980年代からはいわゆる「**ニューカマー**」の定住化や国際結婚等が増加してきた（総務省，2006）。また，1995年の阪神・淡路大震災や2011年の東日本大震災における経験を教訓として，災害時における外国人避難者を想定したインクルーシブな防災等の取り組みも進められている（伊藤・朝間，2015，総務省，2006）。

　さらに，日本では少子高齢化が急激に進んできた中で，労働力を補うねらいとして**外国人材の受け入れ**が進められている。経済連携協定（Economic partnership agreement：EPA）に基づき，インドネシア，フィリピン，ベトナムより外国人介護福祉士候補者の受入れが開始され，2019年8月時点で6,400人を超えた（厚生労働省，n.d.）。また，2017年11月には「外国人の技能実習の適正な実施及び技能実習生の保護に関する法律」が施行されたことに伴い，外国人技能実習制度の対象に介護職種が追加された。2019年4月には，外国人材の受け入れのための在留資格の創設を含む「入管法及び法務省設置法の一部を改正する法律」が施行された。

　そのような社会情勢や関連施策を背景としながら，**多文化共生**の概念は1990年代前半に登場し，発展してきた（栗本，2016）。総務省（2006）は，「多文化共生の推進に関する研究会」において，地域における多文化共生の定義を「国や民族などの異なる人々が，互いの文化的ちがいを認め合い，対等な関係を築こうとしながら，地域社会の構成員として共に生きていくこと」とした。また，大阪大学大学院人間科学研究科を中心に「**共生学**」（Kyosei studies）という学際的な学問分野が打ち出されてきたことから明らかなように，学術的な議論の深

化も見られる。その共生学において，「共生」が次のように定義された（河森・栗本・志水，2016：4）。

> 民族，言語，宗教，国籍，地域，ジェンダー，セクシュアリティ，世代，病気・障害等を含む，さまざまな違いを有する人々が，それぞれの文化やアイデンティティの多元性を互いに認め合い，対等な関係を築きながら，ともに生きること

　そのような多文化共生に基づく社会づくりの実現には，多文化理解や包摂的な共生の視点が求められる。つまり，第一に，各国文化の比較の言説において語られる（他）文化を越えて，身近な地域にも見出される多様な文化を理解し合うということである。第二に，社会文化的に少数派（マイノリティ）である人びとが直面する生活上の困難さ，排除，差別，その他の社会的属性との交差性に対して，人権を基礎に据えながら，住民としての共生を実現する取り組みを行うことである（多文化共生キーワード辞典編集委員，2011）。

多文化共生にかかわる諸課題

　多文化共生に関する理念や定義が発展してきている一方で，日本における多文化共生かかわる課題は多岐に渡る。**難民**支援や**技能実習生**の受け入れの体制等にかかわる**制度・政策上の課題**（搾取や人権侵害の懸念を含む）から，一住民としての在住外国人が直面する**生活課題**まで，さまざまな課題が含まれる。ここでは，後者のうち，海外にルーツを持つ人びとの生活と権利に焦点を当てる。

　海外にルーツを持つ人びと，と一言に言っても，その背景や実際の生活問題は**多様**であり，複雑であり，過度の一般化をすることは適さない。しかし，いくつかの主要なテーマとなる問題も顕在化してきた。外国人が日本で直面する生活問題の要因の例として，①言葉の障壁，

②文化・価値・習慣の違い，③サポートシステムの欠如，④社会システムの違いと情報不足，⑤自ら選択した移住か，望まない移住か，がある（石河，2012）。たとえば，言葉の障壁があるため，ごみ出しのような日常的な行動から，子どもの就学上の問題，健康保険への未加入に伴う医療問題等，さまざまな生活問題が起こりうる。また，身近に出身国・地域にかかわる仲間や支援者がいるかどうか，そのようなコミュニティがあるかどうかという社会環境も，それらの人びとの生活にとっては重要な要素である。

多文化共生とソーシャルワーク

　さて，**多文化ソーシャルワーカー**とは「外国人の多様な文化的・社会的背景を踏まえて彼らの相談にあたり，問題解決に向けてソーシャルワークの専門性を生かして継続的な支援を行う外国人相談の担い手」とされ，多文化共生関連の実務者（外国人相談員，通訳，多文化共生マネージャー等）とは区別される場合がある（石河，2012）。**石河**は，多文化ソーシャルワーカーの種類について，外国人当事者多文化ワーカー，日本人多文化ソーシャルワーカー（自治体やNPOの外国人相談専門のソーシャルワーカー等），各種支援機関の多文化ソーシャルワーク実践者（社会福祉関連機関・団体等のソーシャルワーカー）の3つを挙げている。3つ目の実践者については，これまで日本人を主な対象として取り組んできた社会福祉士や精神保健福祉士等のソーシャルワーカーも含まれる。今後，在住外国人の増加により，相談場面で接することになる外国人クライエントの増加にもつながることが予想される。また，クライエントだけではなく，外国人介護人材が増加していくとすると，同僚としても在住外国人と取り組む機会が増えることにもなるであろう。

　多文化ソーシャルワークには，日本人を主な対象として想定してきたソーシャルワーク実践に共通する側面が多くある一方で，配慮や意

識が必要な視点もある。個別相談支援にかかわるソーシャルワーク実践においては，クライエントの社会的・文化的背景の尊重（日本の価値観への自己省察を含む），日本への適応のアセスメント，適した言語での対応や通訳の活用，ソーシャルサポートネットワークの強化や社会資源の活用が含まれるであろう（石河，2003，2012；木村，2020a）。

　また，地域づくりにかかわるソーシャルワーク実践においては，異なる文化的規範やルールを背景とする人びとが地域社会にいることを前提として，必要に応じてルールを見直したり包摂的なものに作り直したりして，互いにそのルールに沿って居心地よく暮らせるような対話と環境づくりが重要となる（加賀美 2013；宮島，2003）。そして，海外にルーツを持ち社会文化的に少数派である人びとが自己の社会文化的なアイデンティティを否定されず，他の住民と同等にさまざまな機会に参加できるような，共に生きる社会を目指していくことが求められる（山脇，2003）。つまり，ソーシャルワーカーとしては，**文化的なコンピテンス**や民族・宗教・文化等に対する**感受性**（sensitivity）が問われる（ヴィラーグ・ヴィクトル，2018；シーラ・ファーネス，フィリップ・ギリガン，2020）。他方で，国際的な視点から見ると，文化的コンピテンスのみによって目の前の人の**他者性**（otherness）を強調しうること，あるいは原因を文化の差異に片づけてしまう可能性があることについては慎重に考慮する必要がある（Hugman, 2022）。

事例：青森県における在住外国人と相談体制

　ここでは青森県を事例として取り上げる。青森県の在住外国人数も，コロナ禍以前は増加傾向にあった。2022年6月末現在，県内の在住外国人数は6,306人で（全国44位），コロナ禍以前の近年では，年10%以上増加していた（青森県国際交流協会，2023a）。県内在住外国人の国別内訳はベトナム（33.3%），中国（14.6%），フィリピン（11.9%）の順で多く，在留資格別では技能実習生（35.2%），永住者（19.0%），

特別永住者（8.1％）の順で多かった（青森県国際交流協会，2023a）。

　青森県国際交流協会[57]では，在住外国人への支援を含む，さまざまな取り組みを行っている。2019年11月に青森県外国人相談窓口が設置された。2020年度には11月と2月に「ワンストップ相談会」が開催され，2022年度も継続している。同相談会には，出入国在留管理局，県弁護士会・法テラス等が参加するとともに，通訳者（英語・中国語・ベトナム語・フィリピン語）が入ったうえで相談にあたったことが報告された（2023年2月現在，通訳相談者以外の民間通訳サービスを含めると18言語対応可）。在住外国人からの相談には，在留手続き，財産，雇用契約に関する内容が含まれた（青森県国際交流協会，2023b）。

　また，地域における日常的な交流を通じた支え合いの体制においては，「日本語指導サポーター」の育成による貢献が期待される。2019年度より毎年講座が開催され，同サポーターが養成されてきた。2022年度末までに，107名が「青森県日本語指導サポーター」として登録された。（青森県国際交流協会，2023b）。

　その他，国際交流・協力等にかかわる NPO/NGO がある。青森国際交流協会のホームページ上には67の国際活動団体のリストが記されている（2023年2月27日現在）。また，県内の大学における多文化共生に関する取り組みも報告された（東京市町村自治調査会，2018）。

　以上のように，青森県内では在住外国人が増加する傾向にあり，またその支援体制づくりが図られつつある。その制度の是非についての批判的検討とともに，さらなる体制づくりの強化が求められる。そして，青森県内において多文化ソーシャルワークの人材育成，実践，研究知見の醸成が求められる。[58]

57）2021年4月に青森県国際交流協会にヒアリングをさせていただいた。関係者の皆様に御礼申し上げる。
58）他県ではいくつかの先進的な報告がある。たとえば，在日コリアン施策をはじめとして外国人施策を積極的に行っている神奈川県川崎市における事例報告がある（金，2018）。

Exercise 8　身近な地域で国際問題を考えてみる！

　本章では，国内の国際福祉問題の一端と，それに対する実践アプローチを概観してきました。皆さんの身近な地域において見聞きしたことがあるテーマや，その課題と実践のあり方について，ペアかグループで議論してみましょう。

第10章

国際開発ソーシャルワークにおける調査研究

　終章では，国際開発ソーシャルワークにおける研究視点について概観する。とくに，国際開発ソーシャルワークの実践に着目しながら，調査研究の視点と方法について述べたうえで，研究の事例を紹介する。

国際開発ソーシャルワーク研究の視点[59]

　国際開発ソーシャルワークの調査研究とは，**誰が，どのような目的で，何を行う**ものであろうか。それらは国際開発ソーシャルワーク研究の根源的な**問い**にもかかわる。試みとして，国際ソーシャルワーク研究や国際開発分野の実践研究等の知見を参照しながら考えてみたい。

　ある研究者ら（Tripodi & Potocky-Tripodi, 2007）によれば，「国際ソーシャルワーク研究は，国際ソーシャルワークに関連するソーシャルワーク研究としてみなされ」[60]，三つのカテゴリに分類できるという。

　第一に，超国家的，あるいはある特定の国境を越えた研究（**Supranational**：beyond borders）があり，研究問題が海外の文献によって枠付けされたり，知見の含意が国境を越えたりしているもの，とされた。その例として，インドにおいて女性を対象としたマイクロクレジットとエンパワメントに関する研究や，中国の青年における家族機能

---

59) 本節は，2022年11月に淑徳大学アジア国際社会福祉研究所にて実施した，ビジティング・リサーチャーに対する国際ソーシャルワーク・コース（全15コマ）の中で，筆者が担当した3コマ分の内容を基にした。

60) 'international social work research can be considered socialwork research that is relevant to international social work' (Tripodi & Potocky-Tripodi, 2007: 18)

のアセスメントに関する研究等が取り上げられた。

第二に，移民・難民等にかかわる国境内あるいは国内における研究（**Intranational**：within borders）がある。カナダにおいて政府支援を受けるイラク難民の再定住課題に関する研究や，韓国系米国人の精神障害者の家族を対象とした文化に適した心理教育の効果に関する研究等が例示された。

第三に，国境をまたぐトランスナショナルな研究（**Transnational**：across borders）がある。ルーマニア人の養子縁組に関する国際比較研究や，青年期抑うつのための短期介入の教育法に関する国際比較評価等が例示された。

では，国際開発ソーシャルワークの実践に関する研究に焦点を当ててみた場合，どのような方法論が適しているのであろうか。それは主流のソーシャルワークに依存するのであろうか。それらの問いに対して一言で答えることは容易ではないが，越境する問題や実践に焦点を当てるにしても，ヨーロッパ中心主義的な視点や旧態依然たる構造等に関して再検討すべき諸前提がある（Orme et al., 2012）。国際開発ソーシャルワーク研究においては，開発的実践にかかわる研究**手法のみならず**，どのような**価値や視点**が反映されているのか，どのような認識論が自明のものとして扱われているのか，それは**誰によって**主張されているものなのか，について問うていく必要がある。次に，国際開発の現場実践に関連する調査研究手法に焦点を当てる。

国際開発ソーシャルワークにおける調査研究手法と「参加」

国際開発ソーシャルワークにおける実践研究では，ソーシャルワークや社会科学の研究と同様に，多様な手法を用いることができる。それらには，量的研究，質的研究，混合研究法，アクションリサーチ，歴史研究等さまざまな手法が含まれる。しかし，重要なのは，どの方法論に基づくかは，**目的**や**認識論**，**リサーチクエスチョン**等による，

ということである。たとえば，その実践とは，誰による，どのような行為と過程なのか，といった根本的な問いがある。

　象徴的な例として，国際開発における古典的ともいえる説明を見ておく。これは必ずしも研究についてのみ述べているわけではないが，実践におけるコミュニティ診断を調査研究と読み替えることができる（ワーナー・バウアー，2022：6-7，強調は原文）。

　　理想的には，コミュニティ診断とは，人びとが最も懸念している問題をコミュニティが自己分析することです。しかし，注意が必要です。**コミュニティ診断**という言葉は，多くの大規模な保健プログラムでは，かなり違った意味で使われています。それは，詳細調査を意味するようになってきており，その場合ヘルスワーカーが研修後にコミュニティで実施することが求められるのです。多くの場合，これらの調査を通して収集された情報は，保健当局には役立ちますが，住民にはほとんど意味がありません。

　この説明で明らかなことは，**誰のための（何のための），誰による調査研究であるか**，についての意識化が重要であるという点に尽きる（第2章参照）。国際開発においては，実践家とその他の関与者との間に非対称な関係性（第5章参照）があるとするならば，この点は常に問われる問題である。

　歴史的に，そのような批判のもとで**参加型開発**の手法が発展してきた（第2章表4を参照）。国際開発においては，ある国境をまたいで入ってきた外部者（あるいは「支援者」）が，はじめにその地の人びとや状況，社会問題，ニーズを十分に理解することが重視された。しかし，とくに1990年代以降，いわゆる開発途上国の**援助疲れ**と相まって，現地における主体や調査手法のあり方が問われた結果，現地の人びとの**オーナーシップ**のもとで調査研究が行われ，その人びとに還元される参加型の手法が開発されてきた。

実際に開発されてきた手法はユニークであり，厳格な（あるいは実証主義的な）社会学的手法とは様相が異なるものが多い。とくに，**参加型農村調査法（PRA）**と，その進化型の**参加型学習行動法（PLA）**の実践理論の構築に貢献してきたロバート・チェンバースの貢献が有名である。具体的な手法としては，マッピング（地図づくり），年表づくり，社会関係図，ランキングや，参加型のワークショップが含まれる。書籍（チェンバース，2000；Chambers, 2002）では，図解を含め，わかりやすく実践的に説明された。

さらに，上記の潮流との相互作用がありながら，**参加型アクションリサーチ**（**CBPR**：community-based participatory research）の理論と実践も発展してきた（武田，2015）。北半球において社会心理学やグループダイナミクスで著名なクルト・レヴィンの貢献の流れを汲む潮流と，南半球において『被抑圧者の教育学』等で有名なパウロ・フレイレの系譜等を包括するものとして，CBPRが位置づけられている。武田（2015）によれば，CBPRの原則には以下のものが含まれる。

- コミュニティとの協働
- コミュニティ内のストレングスや資源の尊重
- リサーチのすべての段階で平等に協働するパートナーシップ
- すべての関係者の協同の学びと能力開発の促進
- リサーチとアクションの統合
- 地域密着性とエコロジカルな視点の重視
- 循環的な反復のプロセスによる変革
- すべての関係者との結果の共有と協働による結果の公開
- 長期に渡るかかわりと関係の維持

他方，「参加」や「参加型」を謳う調査研究において，その実態はさまざまであるとともに，「参加型」をある種の「ウリ」として標榜することの是非がある。実際，「参加」には，少なくとも，名義上あるいは

名簿上の参加（**as a name**），形式的あるいは一時的な参加（**as means for other ends**），主体的な参加（**as a goal of empowerment**）等の形態がある（Kuno, 2012）。また，どのような人びと（村の代表者，中流層，社会的弱者等）が参加していることが期待されるのか，その状況は誰（国際開発の介入者，現地関与者，第三者等）によって評価・判断されるのか等，問うべき点が多々ある。あるいは，「参加型」の調査のみが良いもの，という短絡的な視点に陥る可能性さえある。当初発展してきた参加型の手法は極めて優れた視点と手法である一方で，実際に行われるものがどのようなものであるのか，絶え間ない問いかけが必要なのである。

　さらに，ここまで述べてきた調査研究手法の前提についても問う必要がある。おそらく，前提として，「南半球―北半球」，「開発途上国―先進国」等の旧態依然たる構造を見て取ることができる。たとえば，「参加」の対象は「現地」の人びとという暗黙の前提と，外部（海外）から入ってきた関与者はその支援者やファシリテーターである，という構造である。国際開発ソーシャルワークのさまざまな側面においてそのような固定的な関係性は根強く，その変更可能性や流動性，さらには真の互恵的な交流（reciprocal exchange）を探求していく必要がある（Hugman, 2022 ; Midgley, 2010a）。

国際開発ソーシャルワークに関連する研究視点と事例

　最後に，筆者が取り組んでいる研究を事例として紹介する。いずれも，いわゆる「参加型」では必ずしもなく，またさまざまな限界を抱えているが，批判的な検討の材料としてもらいたい。要は，国際開発ソーシャルワークとは何かということと，人びとの共同的な取り組みと対話が重要であることについて述べる。

　第 1 章で国際開発ソーシャルワークについて，国際ソーシャルワーク等の知見を援用して，暫定的に概念の整理をいくつか試みた。しか

し，その概念的なレベルでの整理や定義と，現場実践での国際開発ソーシャルワークの社会的現実とは必ずしも同一のものとは限らない。国際開発ソーシャルワークにかかわる実践家や人びと（読者を含む）が，何のために，どのように実践するか，と問いかけ続けることこそが探求の要となる。

そのような問題意識の中で，社会的表象理論という社会心理学のアプローチを用いながら，いくつかの研究を実施してきた（東田，2022，2023；Higashida et al., 2022）。ここではその理論枠組みについては詳述せず，拙著論考（東田，2023）をもとに，ポイントについてのみ述べる。仮想的には，国際開発ソーシャルワーク等の言葉によって，実践家を取り巻く現実世界の中で，それまで馴染みなかったものが馴染みあるものになっていくことが考えられる。つまり，国際開発ソーシャルワーク等の言葉や概念がソーシャルワーカーや実践家に浸透し，「あー，これこそ国際開発ソーシャルワークか」と自分の実践をみなしたり，「これこそが国際開発の視点か」と現場の見え方を再認識したり，あるいは「私は国際開発ソーシャルワーカーなんだ」と自分のアイデンティティに関係させたりするかもしれない。

しかし，現時点では，多くの人びとの間では，国際開発ソーシャルワークは（あるいは国際ソーシャルワークさえも）馴染みある言葉や概念とは言い難いのではなかろうか。そして，おそらく本書を手に取って，はじめて「国際開発ソーシャルワーク」という言葉や説明枠組みに触れたという読者も多いのではないだろうか。

他方，筆者は，普遍的な国際開発ソーシャルワークの概念化の必要性を必ずしも主張しない。むしろ，国際開発の現場実践において立場性の異なる人びととかかわりながら，ときに国際開発ソーシャルワーク等の概念や言葉をツールとして用いて，協働的実践と対話を重ねていくこそが重要であると考える。それらにより，もう一つの言説や視点を生み出し，新たな社会的な現実をともにつくっていくことにつながるのではないだろうか。

　対話や共同的実践については，第4章でも述べたように，「外」から
「内」に入った実践家の視点のみならず，その「内」にいる人びとによ
る営みや実践と視点こそが重要である。そのうえで，立場性を認識し，
またときに立場性を越えながら，それらをどのようにとらえ，なぜ，
どのようにかかわるのかを問うことも重要である。現実世界における
国際開発ソーシャルワークの実践には問うべき視点が多々あり，だか
らこそ興味深く，その探求は続いていく。

おわりに

　はじめに述べたように，本書を作成したきっかけは大学にて国際福祉論の科目担当となったことであった。諸先生方の国際社会福祉に関連する書籍や貢献には心から敬意を示すが，国際開発現場や緊急災害支援の現場で活動した一人のソーシャルワーカーとしてはより実用的なテキストも必要と感じている。

　とはいえ，試みとして作成し，今回改訂したものは，未だに非常に未熟なものであると自覚している。それでも，本書の作成および改定にチャレンジして，個人的には良かったとも考えている。筆者自身にとっての学び直しになったのみならず，学生の教育や後進の育成に当たって伝えたいことが明確になってきたからである。加えて，インディジナス・ソーシャルワークと国際開発ソーシャルワークの関係性を含め，いまだ議論が不十分な点についても明らかとなってきた。したがって，本書の作成の「旅」はいまだ過程の最中にあるとともに，筆者自身も学際的で多様な視点を持って引き続き研鑽していきたいと考えている。そのような過程の中にはあるが，改めて，学生のみなさんが将来を展望する中で，本書が何かしらのお役に立てれば幸いである。

　世界ではCOVID-19の蔓延やロシアによるウクライナ侵攻による甚大な影響があった。このような事態になった時に，国際開発ソーシャルワークの実践家はいかに取り組むことができるのか，何をすべきか，といった点についても考えさせられた。[61] たとえば，必ずしも現地に

61）COVID-19の影響を受けた各国でのソーシャルワークの取り組みについては以下の文献を参照されたい。Dominelli, L., Harrikari, T., Mooney, J., Leskošek, V., & Tsunoda, E.K.（Eds.）（2020）. 和気純子・大和三重・松尾加奈・ヴィラーグ・ヴィクトル監訳.『新型コロナウィルスとソーシャルワーク国別報告集』http://jaswe.jp/novel_coronavirus/doc/20201127_corona_socialwork_e.pdf

降り立つことだけがすべてでもなかろう。実際，筆者はスリランカや
モンゴルの関係者とは，コロナ禍においても遠隔によってやり取りを
行うことがあった。そうはいっても，人びとと直接対話し，協働して
何かしらの貢献をしたい，という想いもあった。おそらく，国境を越
えた活動や交流を志望する人たちにとっては同様の想いがあるのでは
なかろうか。この変わりゆく激動の時代に，そのようなことを考えな
がらも，日々できることに取り組んでいる。

　末筆ながら，いつも支えてくれる妻と，日々成長していく息子に感
謝の意を表したい。

　　　　　　　　　　　　　　　　　　　　　　　東田　全央

114

文献

アーシャ・ハンズ.（2021）. 古田弘子監訳.『インドの女性と障害―女性学と障害学が支える変革に向けた展望』明石書店.

青森県国際交流協会.（2023a）.「県内在住外国人について（2022年6月末時点）」https://www.kokusai-koryu.jp/number-foreigners/（アクセス日：2023年2月27日）

青森県国際交流協会.（2023b）.『あおもり国際交流つうしん』139. https://www.kokusai-koryu.jp/magazine/magazine-5695/（アクセス日：2023年2月27日）

秋元樹.（2015）.「あなたは世界定義を受け入れられるか？：『専門職ソーシャルワークでないソーシャルワーク』を例に」『ソーシャルワーク研究』41(3), 187-198.

秋元樹.（2020）.「国際ソーシャルワークの目的と理念」岡伸一・原島博編.『新世界の社会福祉―第12巻　国際社会福祉』(pp. 25-50) 旬報社.

アマルティア・セン.（1988）. 鈴村興太郎訳.『福祉の経済学―財と潜在能力』岩波書店.

伊芸研吾.（2016）.「障害とは何か―ケイパビリティアプローチの視点から」『開発協力文献レビュー』6, 1-13.

石河久美子.（2003）.『異文化間ソーシャルワーク』川島書店.

石河久美子.（2012）.『多文化ソーシャルワークの理論と実践―外国人支援者に求められるスキルと役割』明石書店.

石川美絵子.（2023）.「日本国際社会事業団の実践家」東田全央・松尾加奈・原島博編.（2023）.『調査報告書 国際ソーシャルワークを実践家の声から問う』淑徳大学アジア国際社会福祉研究所.

石川久展.（2018）.「〈書評〉三島亜紀子著『社会福祉学は「社会」をどう捉えてきたのか―ソーシャルワークのグローバル定義における専門職像』」『人間福祉学研究』11(1), 137-142.

伊勢田堯.（2019）.「コ・プロダクションモデルからの学びと期待」『響き合う街で』87, 3-10.

伊藤芳郎・朝間康子.（2015）.「外国人避難者と災害時多文化共生」『教育復興支援センター紀要』3, 87-97.

井上祥明.（2022）.「GHQが持ち込んだソーシャルワークの影響」『熊本大学社会文化研究』20, 1-13.

医療情報科学研究所.（2020）.『社会福祉士国家試験のためのレビューブック2021』メディックメディア.

ヴィラーグ・ヴィクトル.（2018）.『多様性時代のソーシャルワーク―外国人等支援の専門職教育プログラム』中央法規.

Viktor, V.（2019）.「アイヌ・ソーシャルワークにおけるアドボカシー実践：グローバル定義のナショナル展開プロセスにおける首都圏先住民族コミュニティ

との協働」『ソーシャルワーカー』18, 35-46.

岡伸一. (2020). 「国際社会福祉論の総括と評価」岡伸一・原島博編. 『新世界の社会福祉―第12巻　国際社会福祉』(pp. 81-107) 旬報社.

岡村重夫. (1983). 『社会福祉原論』全国社会福祉協議会.

小川裕子. (2017). 「新興国の規範形成：SDGsを中心として」『東海大学紀要（政治経済学部)』49, 43-55.

小原眞知子・木村真理子・武田丈編. (2022). 『国際ソーシャルワークを知る―世界で活躍するための理論と実践』中央法規出版.

外務省. (2023). 『2022年版開発協力白書―日本の国際協力』

加賀美常美代 編. (2013). 『多文化共生論』明石書店.

河森正人・栗本英世・志水宏吉. (2016). 「共生学な何をめざすか」河森正人・栗本英世・志水宏吉編『共生学が創る世界』大阪大学出版会 (pp. 1-16).

北村和子・池添博彦. (2008). 「社会福祉で用いられる外来語（その１)」『帯広大谷短期大学紀要』45, 71-78.

金松美. (2018). 「川崎市における外国人支援の内容に関する考察―多文化共生社会の意味の再検討」『評論・社会科学』127, 57-73.

木村真理子. (2020a). 「移住者とメンタルヘルス―異文化社会に滞在する外国人」『精神保健福祉』51(2), 187-197.

木村真理子. (2020b). 「グローバリゼーションと国際ソーシャルワーク―専門職養成の新たな挑戦課題とニーズ」岡伸一・原島博編. 『新世界の社会福祉―第12巻　国際社会福祉』(pp. 322-339) 旬報社.

久野研二・中西由起子. (2004). 『リハビリテーション国際協力入門』三輪書店.

栗本英世. (2016). 「日本的多文化共生の限界と可能性」『未来共生学』3, pp. 69-88.

厚生労働省. (n.d.) 「インドネシア，フィリピン及びベトナムからの外国人看護師・介護福祉士候補者の受入れについて」https://www.mhlw.go.jp/stf/seisaku nitsuite/bunya/koyou_roudou/koyou/gaikokujin/other22/index.html （アクセス日：2021年3月23日)

厚生労働省社会・援護局. (2020). 『社会福祉士養成課程のカリキュラム（令和元年度改正)』https://www.mhlw.go.jp/content/000606419.pdf（アクセス日：2021年1月20日)

郷堀ヨゼフ・染谷有紀編. (2021). 『ソーシャルワークのグローバリゼーションに世界のソーシャルワーク研究者は抗う―脱植民地化・土着化・スピリチュアリティ・仏教ソーシャルワーク』淑徳大学アジア国際社会福祉研究所.

国際協力機構広尾センター. (2010). 『NGO，地方自治体，大学等における国際協力担当者のためのPCM研修 テキスト』.

児島亜紀子編. (2015). 『社会福祉実践における主体性を尊重した対等な関わりは可能か 利用者―援助者関係を考える』ミネルヴァ書房.

近藤久洋. (2014). 「比較開発援助論：新興ドナー援助モデルとDAC化」『埼玉大

学紀要（教養学部）』50(1), 89-119.

佐藤仁.（2016）.『野蛮から生存の開発論―越境する援助のデザイン―』ミネルヴァ書房.

佐藤成基.（2009）.「国家／社会／ネーション―方法論的ナショナリズムを超えて」『ナショナリズムとトランスナショナリズム―変容する公共圏』（pp. 13-31）法政大学出版局.

シーラ・ファーネス, フィリップ・ギリガン.（2020）. 陳麗婷監訳『ソーシャルワーク実践のためのカルチュラルコンピテンス―宗教・信仰の違いを乗り越える』明石書店.

白石雅紀・酒井美里・戸田有一.（2021）.「複合マイノリティに関する諸課題の検討―ムスリム SOGI マイノリティ―」『東京未来大学研究紀要』15, 79-92.

JICA.（n.d.）.「人間の安全保障委員会」最終報告書 詳細. https://www.jica.go.jp/activities/issues/special_edition/security/summary.html（アクセス日：2021年 1 月20日）

社会福祉専門職団体協議会国際委員会・日本福祉教育学校連盟（訳）.（2017）.『ソーシャルワーク専門職のグローバル定義』

世界銀行.（2018）.『世界の貧困に関するデータ』https://www.worldbank.org/ja/news/feature/2014/01/08/open-data-poverty（アクセス日：2023年 3 月24日）

關谷武司・三好崇弘・大迫正弘.（2013）.『グローバル人材に贈るプロジェクトマネジメント』関西学院大学出版会.

総務省.（2006）.『多文化共生の推進に関する研究会報告書～地域における多文化共生の推進に向けて～』https://www.soumu.go.jp/kokusai/pdf/sonota_b5.pdf（アクセス日：2021年 3 月23日）

高橋洋平・德永景子・東田全央・福地健太郎・宮下明子・米田裕香.（2018）.「JICAの社会保障分野およびソーシャルワーク関連の取り組み」宇佐見耕一・岡伸一・金子光一・小谷眞男・後藤玲子・原島博編.『世界の社会福祉年鑑2018〈2019年度版・第18集〉』（pp. 25-54）旬報社.

武田丈.（2015）.『参加型アクションリサーチ（CBPR）の理論と実践―社会変革のための研究方法論』世界思想社.

多文化共生キーワード辞典編集委員会.（2011）『多文化共生キーワード事典』明石書店.

坪上宏・谷中輝雄.（1995）.『あたりまえの生活―PSW の哲学的基礎　早川進の世界』やどかり出版.

デビッド・ワーナー, ビル・バウアー.（2022）. アジア保健研修所・Bridges in Public Health 監訳.『学ぶことは変わること―自分と地域の力を引き出すアイディアブック』アジア保健研修所.

東京市町村自治調査会.（2018）.『多文化共生に向けた地域における国際交流に関する調査研究報告書』

西垣昭・下村恭民・辻一人. (2009). 『開発援助の経済学（第四版）』有斐閣.

日本ソーシャルワーク教育学校連盟編. (2021). 『ソーシャルワークの基盤と専門職』中央法規.

野田直人. (2000). 『開発フィールドワーカー』築地書館.

野中郁次郎・紺野登. (1999). 『知識経営のすすめ―ナレッジマネジメントとその時代』筑摩書房.

原島博. (2015). 「アジアのソーシャルワークと社会開発の展開と課題」『ソーシャルワーク研究』41(3), 199-206.

原島博. (2020). 「"誰一人取り残さない"国際ソーシャルワークと国際協力」岡伸一・原島博編. 『新世界の社会福祉―第12巻　国際社会福祉』(pp. 51-79) 旬報社.

PCM東京. (2016a). 『PCMハンドブック（計画編）』http://www.pcmtokyo.org/

PCM東京. (2016b). 『PCMハンドブック（モニタリング・評価編）』http://www.pcmtokyo.org/

東田全央. (2019). 「多元的な障害統計をどのように捉えるか―モンゴル国の事例から―」『共生学ジャーナル』3, 139-152.

東田全央編. (2021a). 『スリランカにおける仏教ソーシャルワーク』学文社.

東田全央. (2021b). 「ソーシャルワークにおける地域・民族固有の知と実践の探求～グローカルな国際福祉教育研究の視点から～」『響き合う街で』98, 30-35.

東田全央. (2022). 「ソーシャルワーク実践における地域・民族固有の知，外来知，越境する知―スリランカと日本の実践家を対象とした質的研究結果の再解釈―」『淑徳大学アジア国際社会福祉研究所2021年度年報』6, 1-13.

東田全央. (2023). 「社会的表象としての国際ソーシャルワーク―開発の文脈における実践家の語りとの接点をめぐって―」『共生学ジャーナル』（印刷中）

東田全央・松尾加奈・原島博編. (2023). 『調査報告書 国際ソーシャルワークを実践家の声から問う』淑徳大学アジア国際社会福祉研究所.

日和恭世. (2015). 「ソーシャルワークにおける reflection（省察）の概念に関する一考察」『別府大学紀要』56, 87-97.

藤井達也. (2003). 「ソーシャルワーク実践と知識創造」『社會問題研究』 2(2), 101-122.

星野晴彦. (2007). 「青年海外協力隊の活動を促進する要因に関する検討：ソーシャルワーク部門派遣者を対象にして」『人間科学研究』29, 69-76.

細野昭雄. (2012). 「南南協力・三角協力とキャパシティー・ディベロップメント（国際援助潮流の流動化と日本のODA政策）」『国際問題』616, 32-43.

松尾加奈. (2016). 「アジアのソーシャルワークにおける宗教の可能性―イスラム教の場合」『総合福祉研究』21, 85-98.

松尾加奈. (2020). 「イスラム教ソーシャルワーク活動とソーシャルワーク教育カリキュラムの国際比較研究」日本社会福祉学会第68回秋季大会（E11-02）.

三島亜紀子. (2016). 「ソーシャルワークのグローバル定義にみる知の変容―『地域・民族固有の知 (indigenous knowledge)』とはなにか？」『社会福祉学』57 (1), 113-124.

三島亜紀子. (2017). 『社会福祉学は「社会」をどう捉えてきたのか―ソーシャルワークのグローバル定義における専門職像』勁草書房.

宮島喬. (2003). 『共に生きられる日本へ―外国人施策とその課題』有斐閣.

森恭子. (1996). 「国際社会福祉のカリキュラムの現状：福祉系大学（4年制）の調査の結果」『社会福祉（日本女子大学社会福祉学科）』36, 203-209.

山脇啓造. (2003). 「日本における外国人政策の批判的考察―多文化共生社会の形成に向けて」『明治大学社会科学研究所紀要』41(2), pp. 59-75.

ロバート・チェンバース. (2000). 野田直人・白鳥清志監訳. 『参加型開発と国際協力―変わるのはわたしたち』明石書店.

和田信明・中田豊一. (2010). 『途上国の人々との話し方―国際協力メタファシリテーションの手法』みずのわ出版.

Akimoto, T. (2017). The globalization of western-rooted professional social work and exploration of Buddhist social work. In Gohori, J. (Ed.). From western-rooted professional social work to Buddhist social work: Exploring Buddhist social work (pp. 1-41). Tokyo: Gakubunsha.

Akimoto, T. (Ed.). (2019). The next action based on the working definition of Buddhist social work and beyond: Theory, research, education and practice. Chiba: The Asian Research Institute for International Social Work, Shukutoku University.

Akimoto, T. (Ed.). (2020). Buddhist social work in Sri Lanka: Past and present. Tokyo: Gakubunsha.

Akimoto, T., Fujimori, Y., Gohori, J., & Matsuo, K. (2020). Objection to Western-rooted professional social work: To make social work something truly of the world: Indigenization is not the answer. In J. Gohori. (Ed.), The journey of Buddhist social work: Exploring the potential of Buddhism in Asian social work (pp. 62-69). Asian Research Institute for International Social Work.

Anuradha, W. (2020). Definition of Buddhist social work. In Akimoto, T. (Ed.). (2020). Buddhist social work in Sri Lanka: Past and present (pp. 131-140). Tokyo: Gakubunsha.

Bieler, R.B. (2006). The MDGs, disability and inclusive development. Presentation at the World Congress on Communications for Development, Rome.

Braber, C. D. (2013). The introduction of the capability approach in social work across a neoliberal Europe. Journal of Social Intervention: Theory and Practice, 22(4), 61-77.

Boyle, N. (1929). II.-International social service. In First International Conference of Social Work (Vol. 1) (pp. 655-657). Paris.

Brinkmann, G. (2004). Unpaid CBR work force: between incentives and exploitation. Asia Pacific Disability Rehabilitation Journal, 15(1), 90-94.

Buse, K., Mays, N., & Walt, G. (2012). Making health policy (2nd edition). Berkshire: Open University Press.

Carling, J., Erdal, M. B., & Ezzati, R. (2014). Beyond the insider-outsider divide in migration research. Migration Studies, 2(1), 36-54.

Cayetano, R. D. A., & Elkins, J. (2016). Community-based rehabilitation services in low and middle-income countries in the Asia-Pacific region: Successes and challenges in the implementation of the CBR matrix. Disability, CBR & Inclusive Development, 27(2), 112-127.

Chambers, R. (2002). Participatory workshops: a sourcebook of 21 sets of ideas and activities. London: Earthscan.

Coates, J., & Hetherington, T. (2016). Decolonizing social work. Oxton: Routledge.

Cox, D., Gamlath, S., & Pawar, M. (1997). Social work and poverty alleviation in South Asia. Asia Pacific Journal of Social Work and Development, 7(2), 15-31.

Cox, D., Pawar, M., & Pawar, M. S. (2006). International social work: Issues, strategies, and programs. Sage.

Creswell, J. W., & Clark, V. L. P. (2017). Designing and conducting mixed methods research (2nd edition). Los Angeles: Sage.

Desai, M. (2013). The paradigm of international social development: Ideologies, development systems and policy approaches. Routledge.

Dominelli, L. (2018). Green social work in theory and practice: A new environmental paradigm for the profession. In Dominelli, L. (Ed.). The Routledge handbook of green social work (pp. 9-20). Routledge.

Dunk-West, P. (2018). How to be a social worker: a critical guide for students (2nd edition). London: Palgrave.

Elliott, D. (2012). Social development and social work. In: Healy, L. M., & Link, R. J. (Eds.). Handbook of international social work: Human rights, development, and the global profession (pp. 102-108). New York: Oxford University Press.

Elliott, D., & Mayadas, N. S. (2001). Psychosocial approaches, social work and social development. Social Development Issues, 23(1), 5-13.

ESCAP. (1993). Asian and Pacific decade of disabled persons, 1993-2002. New York: United Nations.

Estes, R. J. (1998). Developmental social work: A new paradigm for a new century. In 10th International Symposium of the Inter-University Consortium for International Social Development (IUCISD). Cairo, Egypt.

Gray, M. (2005). Dilemmas of international social work: Paradoxical processes in indigenisation, universalism and imperialism. International Journal of Social Welfare, 14(3), 231-238.

Gray, M. (2006). The progress of social development in South Africa. International Journal of Social Welfare, 15, S53 – S64.

Gray, M. (2016). 'Think globally and locally, act globally and locally': a new agenda for international social work education. In Taylor, I., Bogo, M., Lefevre, M., & Teater, B. (Eds.). Routledge international handbook of social work education. (pp. 3-13) Routledge.

Gray, M., Coates, J., & Yellow Bird, M. (2010a). Introduction. In Gray, M., Coates, J., & Bird, M. Y. (Eds.). Indigenous social work around the world: Towards culturally relevant education and practice (pp. 1-29). Routledge.

Gray, M., Yellow Bird, M., & Coates, J. (2010b). Towards an understanding of indigenous social work. In Gray, M., Coates, J., & Bird, M. Y. (Eds.). Indigenous social work around the world: Towards culturally relevant education and practice (pp. 49-58). Routledge.

Gray, M., Coates, J., Yellow Bird, M. & Hetherington, T. (2016). Introduction: Scoping the terrain of decolonisation. In Gray, M., Coates, J., Yellow Bird, M. & Hetherington, T. (Eds.). Decolonising Social Work (pp. 1-24). Routledge.

Gu, J., & Kitano, N. (2018). Emerging economies and the changing dynamics of development cooperation. In Gu, J. & Kitano, N. (Eds.) Emerging economies and the changing dynamics of development cooperation, IDS Bulletin 49.3, Brighton: IDS.

Healy, L. M., & Link, R. J. (Eds.). (2012). Handbook of international social work: Human rights, development, and the global profession. Oxford University Press.

Healy, L. M., & Thomas, R. L. (2021). International social work: Professional action in an interdependent world (3rd edition). Oxford University Press.

Helander, E., Goerdt, A., Nelson, G., & Mendis, P. (1989). Training in the community for people with disabilities. World Health Organization.

Higashida, M., Soosai, J., & Robert, J. (2017). The impact of community-based rehabilitation in a post-conflict environment of Sri Lanka. Disability, CBR & Inclusive Development, 28(1), 93-111.

Higashida, M. (2018). Developmental social work for promoting the socioeconomic participation of persons with disabilities: An application of the capability approach. Disability, CBR & Inclusive Development, 29(2), 94-117.

Higashida, M. (2019). Developmental social work in disability issues : research and practice for promoting participation in rural Sri Lanka. Hyogo: Ashoka Disability Research Forum.

Higashida, M. (2021). Education and training opportunities for local and indigenous social workers: case studies in disability-related fields from an international development perspective. Social Work Education. (in press)

Higashida, M. (2022). An inductive content analysis of international social welfare syllabi at national and public universities in Japan: Towards a glocal subject design. Social Work Education.

Higashida, M., Ranaweera, A., & Herath, C. (2022). Exploring the Social Representations of Social Work in the Sri Lankan Cultural Context: A Qualitative Study. Sustainability, 14(23).

Hochfeld, T., Selipsky, L., Mupedziswa, R., & Chitereka, C. (2009). Development of social work education in southern and east Africa: Research report. Johannesburg: Centre for Social Development in Africa.

Hoffman, P. G. (1961). Guidelines for International Development. International Social Work, 4(4), 1-5.

Hugman, R. (2022). Decolonising international social work. In Webb, S.A.(Ed.). The Routledge handbook of international critical social work: new perspectives and agendas (pp. 449-461). Routledge.

Hugman, R., Moosa-Mitha, M., & Moyo, O. (2010). Towards a borderless social work: Reconsidering notions of international social work. International Social Work, 53(5), 629-643.

IASSW. (2020). 2020 to 2030 Global Agenda for social work and social development framework: co-building inclusive social transformation.

IFSW. (2016). Statement of ethical principles[Web page]. 2012. Available at http://ifsw.org/policies/statement-of-ethical-principles (Access: November 15, 2020).

IFSW & IASSW. (2016). Global definition of the social work profession.

IFSW & IASSW. (2020). Global standards for social work education and training.

International Social Work. (2014). Global Agenda for social work and social development: First report - promoting social and economic equalities. International Social Work, 57(S4), 3-16.

Jebb, E. (1929). II.-International social service. In First International Conference of Social Work (Vol. 1) (pp. 637-655). Paris.

Jönsson, J. H., & Flem, A. L. (2018). International field training in social work education: beyond colonial divides. Social Work Education, 37(7), 895-908.

Keibl, T., Lutz, R., Noyoo, N., Bunk, B., Dittmann, A., & Seepamore, B. (Eds.).

(2019). The Routledge handbook of postcolonial social work. Routledge.

Kernohan, F.K., Simons, S.M., & Owen, C.E. (1953). International social work. In Russell, H.K. (Ed.). Social work year book 1954(12th ed.)(pp. 266-285). New York: American Association of Social Workers.

Kitano, N. (2018). China's foreign aid: Entering a new stage. Asia-Pacific Review, 25(1), 90-111.

Knapp, J., & Midgley, J. (2010). Developmental social work and people with disabilities. In: Midgley, J., & Conley, A. (Eds.). Social work and social development: Theories and skills for developmental social work (pp. 87-104). New York: Oxford University Press.

Kuno, K. (2012). Concepts around disability and disabled people. In: Carr, L., Darke, P., & Kuno, K. (Eds.). Disability equality training: action for change (pp. 103-170). MPH Group: Selangor.

Kwok, J. (2008). Regional Perspectives... from Asia: Social work and social development in Asia. International Social Work, 51(5), 699-704.

Lee, Y.H. (n.d.). Defining indigenous social work practice: A critical reflection of a non-indigenous perspective. (unpublished)

Lightfoot, E. (2004). Community-based rehabilitation: A rapidly growing method for supporting people with disabilities. International Social Work, 47(4), 455-468.

Lombard, A. (2008). Social change through integrated social and economic development in South Africa: a social welfare perspective. Journal of Comparative Social Welfare, 24(1), 23-32.

Lukersmith, S., Hartley, S., Kuipers, P., Madden, R., Llewellyn, G., & Dune, T. (2013). Community-based rehabilitation (CBR) monitoring and evaluation methods and tools: a literature review. Disability & Rehabilitation, 35(23), 1941-1953.

Mapp, S. C. (2021). Human rights and social justice in a global perspective: An introduction to international social work(3rd ed.). Oxford University Press, USA.

Mauro, V., Biggeri, M., Deepak, S., & Trani, J. F. (2014). The effectiveness of community-based rehabilitation programmes: an impact evaluation of a quasi-randomised trial. Journal of Epidemiology & Community Health, 68 (11), 1102-1108.

Mauro, V., Biggeri, M., & Grilli, L. (2015). Does community-based rehabilitation enhance the multidimensional well-being of deprived persons with disabilities? A multilevel impact evaluation. World Development, 76, 190-202.

McLaughlin, A. (2022). World change-maker: Build skills in international development and Social Work. McFarland.

Midgley, J. (1978). Developmental roles for social work in the Third World: The prospect of social planning. Journal of social policy, 7(2), 173-188.

Midgley, J. (1981). Professional imperialism: Social work in the third world. London: Heinemann.

Midgley, J. (1995). Social development: The developmental perspective in social welfare. Sage.

Midgley, J. (2010a). Promoting reciprocal international social work exchanges: Professional imperialism revisited. In Coates, J. (Ed.). Indigenous social work around the world: Towards culturally relevant education and practice (pp. 31-45). London: Routledge.

Midgley, J. (2010b). The theory and practice of developmental social work. In: Midgley, J., & Conley, A. (Eds.). Social work and social development: Theories and skills for developmental social work (pp. 3-29). New York: Oxford University Press.

Midgley, J. (2013). Social development: Theory and practice. Sage.

Midgley, J. (2017a). Introduction. In: Midgley, J., Dahl, E., & Wright, A. (Eds.). Social investment and social welfare (pp. 13-32). Edward Elgar Publishing.

Midgley, J. (2017b). Social welfare for a Global era: International perspectives on policy and practice. Thousand Oaks: Sage.

Mitchell, P. M., Roberts, T. E., Barton, P. M., & Coast, J. (2017). Applications of the capability approach in the health field: a literature review. Social indicators research, 133(1), 345-371.

Mitra, S. (2006). The capability approach and disability. Journal of disability policy studies, 16(4), 236-247.

Mitra, S. (2017). Disability, health and human development. New York: Springer.

Morris, C. (2009). Measuring participation in childhood disability: How does the capability approach improve our understanding? Developmental Medicine & Child Neurology, 51(2), 92-94.

NASW Foundation. (2004). Katherine A. Kendall(1910-2010): Social work pioneer, educator and first educational secretary of the Council of Social Work Education. Social Welfare History Project.

Nikku, B. R., & Pulla, V. (2014). Global Agenda for Social Work and Social Development: voices of the social work educators from Asia. International Social Work, 57(4), 373-385.

Nishihara, A.H., Matsunaga, M., Nonaka, I., & Yokomichi, K. (Eds.). (2017). Knowledge creation in public administrations: Innovative government in

Southeast Asia and Japan. Cham: Springer.

Noyoo, N., & Kleibl, T. (2019). Setting the scene for critical new social work approaches in the neoliberal postcolonial era. In Kleibl, T., Lutz, R., Noyoo, N., Bunk, B., Dittmann, A., & Seepamore, B. (Eds.). The Routledge Handbook of Postcolonial Social Work (pp. 1-8). Routledge.

Okabe, Y., Shiratori, S., & Suda, K. (2017). What motivates Japan's international volunteers? Categorizing Japan overseas cooperation volunteers (JOCVs). JICA-RI Working Paper, No.158.

Oliver, M., & Barnes, C. (1998). Disabled people and social policy: from exclusion to inclusion. Addison Wesley Longman.

Orme, J., & Karvinen-Niinikoski, S. (2012). Social work research. In Lyons, K. H., Hokenstad, T., Pawar, M., Huegler, N., & Hall, N. (Eds.). The Sage handbook of international social work (pp. 179-195). Sage.

Owen, C.E. (1949). International voluntary social work. In Hodges, M.B. (Ed.). Social work year book (10th ed.). (pp. 252-260) New York: Russell Sage Foundation.

Patel, L. (2005). Social welfare and social development in South Africa. Cape Town: Oxford University Press.

Patel, L., & Hochfeld, T. (2013). Developmental social work in South Africa: Translating policy into practice. International Social Work, 56(5), 690-704.

Payne, M., & Askeland, G. A. (2016). Globalization and international social work: Postmodern change and challenge. Routledge.

Peat, M. (1997). Community based rehabilitation. London: W.B.Saunders.

Persson, C. (2014). Implementing community based re/habilitation in Uganda and Sweden: A comparative approach. Östersund: Mid Sweden University. [PhD dissertation, unpublished]

Persson, C. (2017). Community-based rehabilitation (CBR) in Uganda: A role for social work? In: Gray, M. (Ed.). The handbook of social work and social development in Africa (pp. 156-167). Routledge.

Rifkin, S.B., & Kangare, M. (2002). What is participation? In: Hartley, S. (Ed.). Community-based rehabilitation (CBR) as a participatory strategy in Africa (pp. 37-49). London: University College London.

Robeyns, I. (2005). The capability approach: a theoretical survey. Journal of human development, 6(1), 93-117.

Saleeby, P. W. (2007). Applications of a capability approach to disability and the international classification of functioning, disability and health (ICF) in social work practice. Journal of social work in disability & rehabilitation, 6(1-2), 217-232.

Sen, A. (1992). Inequality reexamined. Cambridge: Harvard University Press.

Sen, A. (1999). Development as freedom. Oxford University Press.

Sen, A. (2005). Human rights and capabilities. Journal of human development, 6 (2), 151-166.

Sewpaul, V., Kreitzer, L., & Raniga, T. (Eds.). (2021). The tensions between culture and human rights: Emancipatory social work and Afrocentricity in a global world. University of Calgary Press.

Terzi, L. (2005). A capability perspective on impairment, disability and special needs: Towards social justice in education. Theory and research in education, 3(2), 197-223.

Thampi, K. (2017). Social work education crossing the borders: A field education programme for international internship. Social Work Education, 36(6), 609-622.

Tiong, T. N. (2006). Regional perspectives... from Asia-Pacific. International Social Work, 49(2), 277-284.

Tiong, T. N. (2012). Social work in Asia. In: Healy, L.M. & Link, R.J. (Eds.). Handbook of international social work: Human rights, development, and the global profession. (pp. 372-376). New York: Oxford University Press.

Trani, J. F., Bakhshi, P., Bellanca, N., Biggeri, M., & Marchetta, F. (2011). Disabilities through the capability approach lens: Implications for public policies. Alter, 5(3), 143-157.

Tripodi, T., & Potocky-Tripodi, M. (2006). International social work research: Issues and prospects. Oxford University Press.

Truell, R., & Jones, D. (2012). The Global Agenda for social work and social development: Extending the influence of social work.

United Nations Development Programme (UNDP). (2022). Human development report 2021/2022: Uncertain times, unsettled lives: Shaping our future in a transforming world.

United Nations Development Programme (UNDP) & Oxford Poverty and Human Development Initiative (OPHI). (2022). Unpacking deprivation bundles to reduce multidimensional poverty.

Van Breda, A. (2015). Developmental social case work: A process model. International Social Work, 61(1), 66-78.

Veal, D., King, J., & Marston, G. (2016). Enhancing the social dimension of development: Interconnecting the capability approach and applied knowledge of social workers. International Social Work, 61(4), 600-612.

Walt, G., & Gilson, L. (1994). Reforming the health sector in developing countries: the central role of policy analysis. Health policy and planning, 9(4),

353–370.

Warren, G.L. (1937). International social work. In Russell, H.K. (Ed.). Social work year book (4th ed.). (pp. 224–227) New York: Russell Sage Foundation.

Warren, G.L. (1941). International social work. In Russell, H.K. (Ed.). Social work year book (6th ed.). (pp. 270–276) New York: Russell Sage Foundation.

Werner, D., & Bower, B. (1982). Helping health workers learn: A book of methods, aids, and ideas for instructors at the village level. Hesperian Foundation.

WHO & World Bank. (2011). World report on disability. Geneva: WHO.

WHO, UNESCO, ILO & IDDC. (2010). Community-based rehabilitation: CBR guidelines. Geneva: WHO.

Youngs, R. (2021). Protecting democracy in a post-transatlantic era. Carnegie Europe. https://carnegieeurope.eu/2021/01/26/protecting-democracy-in-post-transatlantic-era-pub-83567 (Access: January 27, 2021)

参考資料１：授業計画の一例（青森県立保健大学シラバスを改変）

科目の ねらい・ 目標	変わりゆく世界における国際社会福祉および国際開発ソーシャルワークの理論と実践方法について学ぶ．広義の「国際福祉」は多義的な意味を持つが，本科目では世界規模の課題と方策を踏まえつつ，先進国および開発途上国を含む多様な文脈における国際開発ソーシャルワーク実践に焦点を当てる．到達目標は４点である． ① 国際潮流を踏まえながら，国際開発ソーシャルワークに求められる視点について説明することができる． ② 国際開発ソーシャルワークの協働実践事例について１つ以上説明することができる． ③ プロジェクト・デザイン・マトリックス（PDM）を活用して，国際社会福祉プロジェクト計画の素案を作成することができる． ④ 日本のソーシャルワーク実践にも応用可能な視点や実践事例の学習を通じて，グローバル社会におけるソーシャルワークの可能性と課題について説明することができる．
授業計画 ・内容	１）国際社会福祉の潮流と求められる視点 ２）国際社会福祉と国際開発ソーシャルワークにかかわる基本概念・用語① ３）国際社会福祉と国際開発ソーシャルワークにかかわる基本概念・用語② ４）国・地域別の社会福祉とソーシャルワークの概観 ５）国・地域別の社会福祉とソーシャルワークの事例 ６）国際開発ソーシャルワークを支える実践理論① ７）国際開発ソーシャルワークを支える実践理論② ８）国際開発ソーシャルワークにおける実践手法 ９）国際社会福祉開発プロジェクトの企画立案 10）国際社会福祉開発プロジェクトのモニタリング・評価 11）国際社会福祉開発プロジェクトの模擬ワークショップ 12）地域社会に根ざしたインクルーシブ開発（CBID）とソーシャルワーク 13）日本の国際協力と国際開発ソーシャルワーク 14）多文化共生と多文化ソーシャルワーク 15）国際開発ソーシャルワーク研究
成績評価 方法	・毎回の授業後のリフレクション・ペーパー 20％（到達目標①②④） ・授業における課題20％（到達目標①②） ・期末レポート60％（到達目標③④）

参考資料2：書籍・文献等

〈関連書籍等〉

- 石河久美子. (2012).『多文化ソーシャルワークの理論と実践—外国人支援者に求められるスキルと役割』. 明石書店.
- ヴィラーグ・ヴィクトル. (2018).『多様性時代のソーシャルワーク—外国人等支援の専門職教育プログラム』中央法規.
- 岡伸一・原島博編. (2020).『新 世界の社会福祉 第12巻 国際社会福祉』旬報社.
- 小原眞知子・木村真理子・武田丈編. (2022).『国際ソーシャルワークを知る—世界で活躍するための理論と実践』中央法規出版.
- 『世界の社会福祉年鑑』旬報社.
- 第18集（2019年版）のテーマは「国際開発ソーシャルワークと社会福祉」である.
- 川村匡由. (2004).『国際社会福祉論（シリーズ・21世紀の社会福祉)』ミネルヴァ書房.
- 郷堀ヨゼフ編. (2018).『西洋生まれ専門職ソーシャルワークから仏教ソーシャルワークへ〜仏教ソーシャルワークの探求〜』学文社.
- 淑徳大学アジア国際社会福祉研究所は，研究シリーズとして，アジア諸国の仏教ソーシャルワークに関する理論や実践についての書籍を多数発刊している.
- 二木立編. (2008).『福祉社会開発学—理論・政策・実際』ミネルヴァ書房.
- ミッジリィ, J. (1999). 京極高宣・萩原康生監訳.『国際社会福祉論』中央法規.
- ミッジリィ, J.・コンリー, A. (2012). 宮城孝監訳.『ソーシャルワークと社会開発—開発的ソーシャルワークの理論とスキル』丸善出版.
- 東田全央. (2020).『もう一つのソーシャルワーク実践—障害分野・災害支援・国際開発のフロンティアから』大阪公立大学共同出版会.
- 東田全央・松尾加奈・原島博編. (2023).『調査報告書 国際ソーシャルワークを実践家の声から問う』淑徳大学アジア国際社会福祉研究所.

〈その他の関連書籍〉

- 久野研二・中西由起子. (2004).『リハビリテーション国際協力入門』三輪書店.
- 西垣昭・下村恭民・辻一人. (2009).『開発援助の経済学（第四版)』有斐閣.
- 野田直人. (2000).『開発フィールドワーカー』築地書館.
- 和田信明・中田豊一. (2010).『途上国の人々との話し方—国際協力メタファシリテーションの手法』みずのわ出版.

〈英文書籍〉（上記翻訳本を除く）

- Chari, S., & Corbridge, S. (2007). The development reader. Routledge.
- Cox, D., Pawar, M., & Pawar, M. S. (2006). International social work: Issues, strategies, and programs. Sage.

- Gray, M., Coates, J., & Yellow Bird, M. (2010). Indigenous social work around the world: Towards culturally relevant education and practice. Oxton: Routledge.
- Healy, L. M., & Thomas, R. L. (2021). International social work: Professional action in an interdependent world (3rd edition). Oxford University Press.
- Hugman, R. (2010). Understanding international social work: A critical analysis. Bloomsbury Publishing.
- Kleibl, T., Lutz, R., Noyoo, N., Bunk, B., Dittmann, A., & Seepamore, B. (Eds.). (2019). The Routledge handbook of postcolonial social work. Routledge.
- Lyons, K. H., Hokenstad, T., Pawar, M., Huegler, N., & Hall, N. (Eds.). (2012). The SAGE handbook of international social work. Sage.
- Webb, S.A., (Ed.). (2023). The Routledge handbook of international critical social work. Routledge.

〈主要な雑誌の例〉
- 'International Social Work'
- 'International Journal of Social Welfare'
- 'Global Social Welfare'
- 'Asian Social Work and Policy Review'
- 'Asia Pacific Journal of Social Work and Development'

用語・略語集

英語表記	略称	訳
Asian Development Bank	ADB	アジア開発銀行
Basic Human Needs	BHN	人間の基本的ニーズ
BRICs	BRICS	ブラジル，ロシア，インド，中国，南アフリカ
Certified Social Workers		社会福祉士（日本）
Community-Based Inclusive Development	CBID	地域に根ざしたインクルーシブ開発
Community-Based Rehabilitation	CBR	地域に根ざしたリハビリテーション
Culturally relevant practices		文化的に適した実践
Decolonisation		脱植民地化
Department for International Development	DFID	英国国際開発省
Economic and Social Commission for Asia and the Pacific	ESCAP	アジア太平洋経済社会委員会
Global Definition of Social Work		ソーシャルワークのグローバル定義
Global Agenda		グローバル・アジェンダ
Indigenous social work		インディジナス・ソーシャルワーク
International Association of Schools of Social Work	IASSW	国際ソーシャルワーク学校連盟
International Council on Social Welfare	ICSW	国際社会福祉協議会
International Federation of Social Workers	IFSW	国際ソーシャルワーカー連盟
Japan International Cooperation Agency	JICA	国際協力機構
Japan Overseas Cooperation Volunteers	JOCV	JICA 海外協力隊
Mental Health Social Workers		精神保健福祉士（日本）
Millennium Development Goals	MDGs	ミレニアム開発目標

英語表記	略称	訳
Next Global Agenda (2020-2030)		次のグローバル・アジェンダ
Non-Governmental Organization	NGO	非政府組織
OECD　Development Assistance Committee	OECD DAC	経済開発協力機構 開発援助委員会
Official Development Assistance	ODA	政府開発援助
Organisation for Economic Co-operation and Development	OECD	経済協力開発機構
Project Cycle Management	PCM	プロジェクト・サイクル・マネジメント
Project Design Matrix	PDM	プロジェクト・デザイン・マトリックス
Participatory Learning and Action	PLA	参加型学習行動法
Participatory Rural Appraisal	PRA	参加型農村調査手法
Postcolonial social work		ポストコロニアル・ソーシャルワーク
Stakeholder analysis		関与者分析
Sustainable Development Goals	SDGs	持続可能な開発目標
United Nations	UN	国際連合
United Nations Development Programme	UNDP	国際連合開発計画
United Nations Children's Fund	UNICEF	国際連合児童基金
World Bank	WB	世界銀行
World Health Organization	WHO	世界保健機関

索引

134

著者紹介

東田 全央 （ひがしだ まさてる）

兵庫県西宮市生まれ。淑徳大学アジア国際社会福祉研究所主任研究員。博士（人間科学，大阪大学），社会福祉士・精神保健福祉士。大阪府立大学大学院社会福祉学研究科博士前期課程修了，シェフィールド大学国際開発・公衆衛生学修士（MPH）課程修了，大阪大学大学院人間科学研究科博士後期課程修了。（公社）やどかりの里職員（2006.4〜2011.3），（公社）日本国際民間協力会スタッフ（2011.3〜2012.7），青年海外協力隊・ソーシャルワーカーとしてスリランカ赴任（2012.10〜2015.1），JICA研究所リサーチ・オフィサー（2017.1〜2018.3），JICA長期専門家としてモンゴル国赴任（2018.5〜2020.5）を経て，2022年4月より現職。著書に『もう一つのソーシャルワーク実践―障害分野・災害支援・国際開発のフロンティアから』（大阪公立大学共同出版会，2020年）等。

連絡先：masateru.higashida @ soc.shukutoku.ac.jp

【コラム執筆者】

織田 夏実（おだ なつみ）
  Relationships Australia South Australia（コラム1）

小野 由貴（おの ゆき）
  元・青年海外協力隊2016年度2次隊（コラム2）

清水　貴（しみず たかし）
  JICA長期派遣専門家（コラム3）

田中 健志（たなか けんし）
  JICA海外協力隊2021年度7次隊（コラム4）

OMUP

大阪公立大学出版会（OMUP）とは
本出版会は，大阪の5公立大学−大阪市立大学，大阪府立大学，大阪女子大学，大阪府立看護大学，大阪府立看護大学医療技術短期大学部−の教授を中心に2001年に設立された大阪公立大学共同出版会を母体としています．2005年に大阪府立の4大学が統合されたことにより，公立大学は大阪府立大学と大阪市立大学のみになり，2022年にその両大学が統合され，大阪公立大学となりました．これを機に，本出版会は大阪公立大学出版会（Osaka Metropolitan University Press「略称：OMUP」）と名称を改め，現在に至っています．なお，本出版会は，2006年から特定非営利活動法人（NPO）として活動しています．

About Osaka Metropolitan University Press（OMUP）
  Osaka Metropolitan University Press was originally named Osaka Municipal Universities Press and was founded in 2001 by professors from Osaka City University, Osaka Prefecture University, Osaka Women's University, Osaka Prefectural College of Nursing, and Osaka Prefectural Medical Technology College. Four of these universities later merged in 2005, and a further merger with Osaka City University in 2022 resulted in the newly-established Osaka Metropolitan University. On this occasion, Osaka Municipal Universities Press was renamed to Osaka Metropolitan University Press（OMUP）. OMUP has been recognized as a Non-Profit Organization（NPO）since 2006.

OMUPユニヴァテキストシリーズ ②

国際開発ソーシャルワーク入門　改訂版

2021年8月31日	初版第1刷発行
2023年5月31日	改訂版第1刷発行
2023年8月21日	改訂版第2刷発行

著　者	東田　全央	
発行者	八木　孝司	
発行所	大阪公立大学出版会（OMUP）	
	〒599-8531 大阪府堺市中区学園町1-1	
	大阪公立大学内	
	TEL　072(251)6533	
	FAX　072(254)9539	
印刷所	株式会社 遊 文 舎	

©2023 by Masateru Higashida　　　　　Printed in Japan
ISBN 978-4-909933-53-9